Trouble

is

My Business

Langues pour tous

Collection dirigée par Jean-Pierre Berman, Michel Marcheteau et Michel Savio

ANGLAIS
Langue générale

☐ Pour s'initier avec un « tout en un » :
- **40 leçons pour parler anglais** [●●]

☐ Pour se perfectionner et connaître l'environnement :
- **Pratiquez l'anglais** [●●]
- **Pratiquez l'américain** [●●]

☐ Pour se débrouiller rapidement :
- **L'anglais tout de suite** [●●]

☐ Pour s'initier à l'anglais avant la 6ème :
- **40 leçons Juniors** [●●]

☐ Pour mieux s'exprimer et mieux comprendre :
- **Communiquez en anglais** [●●]

☐ Pour évaluer et améliorer votre niveau :
- **Score anglais : testez votre niveau**
- **Score civilisation USA**

☐ Pour s'aider d'ouvrages de référence :
- **Dictionnaire de l'anglais d'aujourd'hui**
- **Grammaire anglaise pour tous** (débutants)
- **Grammaire de l'anglais d'aujourd'hui** (2e cycle)
- **Correspondance pratique pour tous**
- **L'anglais sans fautes**
- **La prononciation de l'anglais** [●●]
- **Dictionnaire bilingue de l'argot d'aujourd'hui**

☐ Pour prendre contact avec des œuvres en version originale :
- **Série bilingue** (extrait du catalogue **avec plus de 45 ouvrages**) :

* = [●●] ➡ Niveaux : ☐ facile (1er cycle) ☐☐ moyen (2e cycle) ☐☐☐ avancé

■ *À thème :*
- **L'Amérique à travers sa presse*** ☐☐☐
- **L'humour anglo-saxon** ☐☐

■ *Auteurs anglais :*

Carroll (L.) ☐☐
Dickens (Ch.) ☐☐
Doyle (A.C.) ☐☐
Nouvelles anglaises et américaines 1 et 2 ☐☐
Shakespeare (W.) ☐☐☐
Wilde (O.) ☐

■ *Auteurs américains :*

Bradbury (R.) ☐☐
Chandler (R.) ☐☐
Columbo ☐☐
Hitchcock (A.) ☐☐
James (H.) ☐☐☐
King (Stephen) ☐☐
Nouvelles classiques ☐☐
Twain (M.) ☐☐

= Existence d'un coffret : Livre + K7
Attention ! Les cassettes ne peuvent être vendues séparément du livre.

Également :

ALLEMAND - ARABE - CHINOIS - ESPAGNOL - FRANÇAIS - GREC - HÉBREU - HONGROIS - ITALIEN
JAPONAIS - LATIN - NÉERLANDAIS - POLONAIS - PORTUGAIS - RUSSE - TCHÈQUE - TURC - VIETNAMIEN

Raymond Chandler

Trouble is my business

Les ennuis c'est mon problème

Présentation, traduction et notes par

Jean-Pierre Berman
Assistant à l'Université de Paris IV Sorbonne

2e édition

POCKET

ISBN : 2-266-08366-X

Sommaire

Comment utiliser la série «Bilingue» ?

Les ouvrage de la série «Bilingue» permettent aux lecteurs :
• d'avoir accès aux versions originales de textes célèbres, et d'en apprécier, dans les détails, la forme et le fond, en l'occurrence, ici, une nouvelle de Raymond Chandler.
• d'améliorer leur connaissance de l'anglais, en particulier dans le domaine du vocabulaire dont l'acquisition est facilitée par l'intérêt même du récit, et le fait que mots et expressions apparaissent en situation dans un contexte, ce qui aide à bien cerner leur sens.

Cette série constitue donc une véritable méthode d'auto-enseignement, dont le contenu est le suivant :
• page de gauche, le texte en anglais
• page de droite, la traduction française
• bas des pages de gauche et de droite, une série de notes explicatives (vocabulaire, grammaire, rappels historiques, etc.).

Les notes de bas de page et la liste récapitulative à la fin de l'ouvrage aident le lecteur à distinguer les mots et expressions idiomatiques d'un usage courant et qu'il lui faut mémoriser, de ce qui peut être trop exclusivement lié aux événements et à l'art de l'auteur.

Des pages de révision offrent au lecteur des séries de phrases types, inspirées du texte, et accompagnées de leur traduction. Il faut s'efforcer de les mémoriser.

Il est conseillé au lecteur de lire d'abord l'anglais, de se reporter aux notes et de ne passer qu'ensuite à la traduction; sauf, bien entendu, s'il éprouve de trop grandes difficultés à suivre le texte dans ses détails, auquel cas il lui faut se concentrer davantage sur la traduction, pour revenir finalement au texte anglais, en s'assurant bien qu'il en a maintenant maîtrisé le sens.

Présentation

Toute l'œuvre et la vie de Raymond Chandler se déroulèrent sous le signe du déchirement et de la contradiction. Né à Chicago, il fut élevé et formé en Grande-Bretagne dans la plus pure tradition de rigueur des "public schools" anglaises. Jusqu'à sa mort, il contemplera la société américaine, où il fera sa vie et sa carrière, avec le recul d'un regard venu du Vieux Continent. D'ascendance irlandaise, mais d'un milieu protestant, il héritera - dans sa jeunesse du moins - du complexe de supériorité des anglais sur les catholiques irlandais. Journaliste dans des magazines londoniens à vingt ans, poète et essayiste à vingt-deux ans, il retournera aux Etats-Unis à vingt-trois ans, pour devenir, après divers petits métiers, cadre dans une compagnie pétrolière. Il n'écrira plus une ligne pendant vingt ans.

Réservé, secret et timide, il s'adonnera systématiquement à de monumentales beuveries. Employé modèle et époux très attaché à une femme de dix-huit ans son aînée, il multipliera les aventures et les absences, aussi bien du domicile conjugal que de son bureau. Ce qui lui vaudra, au cœur de la dépression des années trente, d'être chassé de son travail.

Et c'est ainsi qu'âgé de quarante-cinq ans, il décidera de gagner sa vie par l'écriture. Fleurissait alors, depuis les années vingt, une littérature de distraction, diffusée sous forme de magazines bon marché (nommés *pulps*, car imprimés sur du papier médiocre, fait de pulpe de bois). C'était, comme le note Frank Mac Shane *, "une industrie impressionnante", comparable à la télévision américaine actuelle, capable du meilleur et du pire.Dans la masse de ces publications se détachait *Black Mask*, qui fit, entre autres, connaître au public Erle Stanley Gardner et Dashiell Hammett. C'est donc à Black Mask que Chandler adressa en 1933 sa première nouvelle, *Blackmailers don't shoot* **, qui fut immédiatement acceptée.

---

* in *Raymond Chandler, le gentleman de Californie*. Frank MacShane (Point Seuil - 1984).

** Chandler-*Nouvelles*, T1 (Pocket, 1989).

De 1933 à 1938, Chandler écrivit seize nouvelles, dont la plupart furent les matrices des sept romans qui feront de lui, avec Dashiell Hammett, le père du roman noir contemporain, et l'un des grands prosateurs américains du vingtième siècle.

Trouble is my business est la dix-huitième nouvelle de Chandler et parut en 1939, la même année que son premier grand roman, *The High Window* (*La Grande fenêtre*), où apparaît l'archétype du détective privé, Philippe Marlowe, justicier de la ville, héritier urbain du héros solitaire du western.

Dans *Trouble is my business*, Chandler met en scène, pour la cinquième fois, John Dalmas * (préfiguration de Marlowe), qui, narrateur à la première personne, présente toutes les caractéristiques du héros chandlérien : coriace, mais sentimental, homme solitaire occupant l'étroite crête qui sépare l'ordre officiel, parfois corrompu, de l'ordre de l'argent, souvent corrupteur, plus intéressé par la recherche de la justice que par une quelconque rémunération. C'est là un des traits - maintes fois imité par la suite - qui différencie Chandler des auteurs de littérature policière de son époque : plus qu'à la solution d'une énigme, il s'attache - en utilisant son héros - à mettre en lumière la vérité, et tout particulièrement celle de ses personnages, principaux ou secondaires.

C'est là qu'intervient, pour le plaisir du lecteur, ce que l'on nomme le style, cette capacité, que Chandler possède au plus haut degré, de traduire par des mots et des phrases une ambiance, une atmosphère, une allure, une dégaine. "Ses premières pages," remarque Patricia Highsmith, "sont irrésistibles."** Dès le départ le ton est donné, la silhouette des personnages, même de second plan, brossée avec précision, vigueur, lucidité et humour, prend vie, l'espace - appartement, hall d'hôtel, officine de "privé", - s'anime.

---

* Les quatre autres sont *Mandarin's Jade* (1937), *Red Wind* (1938), *Bay City Blues* (1938), *The Lady in the Lake* 1939).

** Patricia Highsmith, dans *The World of R. Chandler*, par M. Gross (Ed. Weidenfeld & Nicolson, 1977),cf. Bibliographie, p. 187.

La langue de Chandler, c'est la fusion, dans le moule classique acquis en Angleterre, du language quotidien et populaire de ses contemporains, enrichi et pimenté par les expressions argotiques et familières glanées au cours de ses pérégrinations diverses - bars, hôtels miteux, tripots, commissariats, etc.

Il en était fort conscient, lorsque dans sa correspondance *, adressée principalement à des professionnels de l'écriture (écrivains, critiques, éditeurs, agents littéraires), il disait : "... ce qu'il y a de plus durable, c'est le style; et c'est le meilleur investissement qu'un écrivain puisse faire de son temps. Le revenu est lent, ça fera ricaner votre agent littéraire, votre éditeur n'y comprendra rien, et ce sont des gens dont on n'a jamais entendu parler qui les convaincront petit à petit que l'écrivain qui met sa marque individuelle sur ce qu'il écrit est un bon placement. On n'y parvient pas en essayant, car le style auquel je songe est une projection de la personnalité, et avant de pouvoir la projeter, il convient d'en avoir une."

J.P. B.

---

* Lettre du 7/03/1947 à Mrs. Robert J. Hogan (rédactrice en chef d'une revue) dans *Raymond Chandler - Lettres* (Trad. Michel Doury - Préface de Philippe Labro) Ed. Christian Bourgois - 1970.

Jean-Pierre Berman est assistant à l'Université de Paris IV-Sorbonne. Il a enseigné l'anglais à l'ECCIP et à l'ESE (Supélec) (1965-1975) et a été responsable des moyens audiovisuels au CELSA (Paris IV) (1971-1981).
Conseiller linguistique au Centre Georges Pompidou, il y a créé et organisé l'espace d'auto-apprentissage de langues de la Bibliothèque Publique d'Information (1975-1983). Il a été ensuite chargé de mission dans les établissements publics du Carrefour International de la Communication (1983-1986) et de la Cité des Sciences et de l'Industrie (1986-1988).
Co-auteur de plusieurs ouvrages d'apprentissage de l'anglais, il est, avec Michel Marcheteau et Michel Savio, codirecteur de la collection "Les Langues pour Tous."

Chronologie biographique

1888 Naissance, le 23 juillet, à Chicago, Illinois, de Raymond Thornton Chandler, fils de Florence Dart Thornton, née à Waterford (Irlande du Sud) et de Maurice Benjamin Chandler, né à Philadelphie, Pennsylvanie, mais également d'ascendance irlandaise (les Chandler sont venus d'Angleterre en Irlande au 17e siècle). Le couple est protestant.

1895 Maurice Chandler, ingénieur des Chemins de Fer, boit et quitte sa femme ; le couple se sépare.

1896 Florence - après son divorce - s'installe avec son fils en Angleterre, dans la banlieue sud de Londres. Ils passent les vacances d'été en Irlande. Le jeune Raymond y développe un (relatif) sentiment anticatholique.

1900 Florence déménage à Dulwich et Raymond, qui a douze ans, entre alors dans une des meilleures *Public Schools* du pays. De cette "fabrique de gentlemen anglais", il ressortira, marqué à vie, par le code social propre à ce genre d'institutions, où s'opposent, entre autres, sentiment de supériorité et inhibition sexuelle, sentiment d'appartenance à une caste, individualisme "fair play" et dureté, bonne tenue et goût pour la boisson et la violence.

1904 Classé dans les premiers en mathématiques et en lettres classique, il obtient son diplôme.

1905 A dix-sept ans, il part se perfectionner en langues, d'abord en France, à Paris, puis en Allemagne, à Munich.

1907 Naturalisé anglais, il obtient - après un concours administratif- un emploi de fonctionnaire au Ministère de la Marine. Il ne supporte guère la hiérarchie et démissionne au bout de six mois.

1908-1911 Rentre comme reporter au *Daily Express*, puis à la *Westminster Gazette*, enfin à *l'Academy*, plus littéraire, où il commence à publier des essais et des poèmes, sans succès particulier.

1912 A vingt-trois ans, n'ayant réussi, malgré ses dons, ni financièrement ni littérairement, il décide de retourner aux Etats-Unis. Sur le bateau, il rencontre une famille, les Lloyds, qui jouera un rôle capital dans sa vie. Il exerce divers petits métiers et s'installe en Californie.

1913 Il suit des cours de comptabilité, puis travaille comme comptable.

1914-1916 Il fréquente la bonne société de Los Angeles, notamment via la famille Lloyds, chez qui il rencontre un couple, Julian Pascal, pianiste, et son épouse Cissy.

1917-1919 L'Amérique entre en guerre en Europe. Chandler s'engage dans l'armée canadienne. Il échappe à la mort, au cours d'un violent combat dans le nord de la France.

1919 Démobilisé, décoré, il retourne à Los Angeles. Il a trente et un ans. Il tombe amoureux de Cissy Pascal, qui divorce de Julian.

1924 Mort de Florence Thornton Chandler. Raymond Chandler, à trente-cinq ans, épouse Cissy, qui a cinquante-trois ans.

1925 1931 Il est expert-comptable d'une compagnie pétrolière, dont il deviendra bientôt, avec succès, le directeur adjoint. Par ailleurs, il commence à boire et à disparaître du foyer conjugal.

1932 La boisson, plus de nombreuses aventures féminines, l'amènent à un absentéisme chronique. Il est congédié. Il a quarante-quatre ans. Il n'a pas écrit une ligne depuis vingt ans. C'est alors qu'il décide de gagner sa vie en écrivant pour les magazines populaires de grande diffusion (v. Présentation p.7). Il étudie le travail d'écrivains professionnels tels Erle Stanley Gardner et Dashiell Hammett.

1933 Il met cinq mois à écrire sa première nouvelle, *Blackmailers don't shoot*, qui sera publiée dans le magazine *Blackmask*, la plus importante publication du genre (où avaient vu jour, en feuilleton, les grands romans de Dashiell Hammett, tel *Le Faucon Maltais*). Il a quarante-cinq ans.

1934-1938 Pendant ces cinq années, il écrit quinze nouvelles, publiées dans la revue *Black Mask*, puis dans *Dime Detective*. Ce sont presque toutes des préfigurations de ses grands romans, où il forge son style, et, au travers de ses différentes créations de détectives privés - Pete Anglish, Ted Carmady, John Dalmas, Johnny De Ruse - il prépare l'arrivée de son futur héros *Philippe Marlowe*. Il a cessé de boire, gagne durement sa vie, mais est solidement soutenu par son épouse Cissy.

1938 A cinquante ans, il entame la rédaction de son premier roman, *The Big Sleep* (*Le grand sommeil*) inspiré par deux de ses nouvelles *Killer in the Rain*, 1935, et *The Curtain*, 1936.

1939 Publication de *The Big Sleep*, où apparaît Philippe Marlowe, futur archétype du "privé", solitaire et homme d'honneur. Ce premier roman est un succès. Son éditeur, Alfred Knopf, lui en commande un autre. Il commence à écrire *Farewell my Lovelely* (*Adieu ma jolie*). Publication dans Dime Detective Monthly de *Trouble is my Business* (ainsi que *Pearls are a Nuisance* et *The Lady in the Lake*).

1940 Publication de *Farewell my Lovely*, où, sur la toile de fond d'un quartier riche de Los Angeles, s'étale toute la corruption de la grande ville. Les Chandler s'installent à Santa Monica. La santé de Cissy s'altère. Chandler devient de plus en plus solitaire.

1941 Il écrit *The Brasher Doubloon*, première version de ce qui deviendra *The High Window* (*La grande fenêtre*). Il vend les droits de *Farewell my Lovely* à la R.K.O. pour la modeste somme de 2 000 dollars.

1942 Toujours gênés financièrement, les Chandler déménagent à Palm Spring.

1943 Publication de *The High Window*. A cinquante-cinq ans, Chandler fait ses débuts dans le cinéma pour la Paramount : il collabore avec le metteur en scène Billy Wilder, au scénario du film *Double Indemnity* (*Assurance sur la mort*), d'après le roman de James M. Cain. Il déteste l'atmosphère de l'usine à produire qu'est Hollywood. Mais son scénario est proposé pour un Oscar. Il recommence à boire et à disparaître plusieurs semaines.

1944 Publication de *The Lady in the Lake* (*La Dame du lac*) d'après une de ses nouvelles du même nom, où il campera aux côtés de Philippe Marlowe, le portrait d'un policier corrompu. Il écrit, dans *Atlantic Monthly*, un long article, *The Simple Art of Murder* (*Le crime est un art simple*) sur sa conception du roman policier.

1945 En contrat avec la Paramount, il écrit un scénario original, *The Blue Dahlia* (*Le dahlia bleu*). Par amitié pour le producteur du film, John Houseman - lui aussi ancien d'une Public School - il achève le travail en un temps record (le film sortira, avec un grand succès, en 1946, et le scénario de Chandler sera "nominé" pour un Oscar). Dans un article publié par la revue *Atlantic Monthly*, *Writers in Hollywood* (*Les écrivains à Hollywood*), il décrit la condition du scénariste rémunéré par un studio.

1946 La Warner Bros. produit *The Big Sleep*, réalisé par le metteur en scène Howard Hawks, avec Humphrey Bogart dans le rôle de Philippe Marlowe. Le scénario (que Chandler appréciera, ainsi que le film) est écrit par William Faulkner et Leigh Brackett. La situation matérielle de Chandler est maintenant assurée. Mais, épuisé par la vie hollywoodienne, il s'installe dans une ville proche de la mer près de San Diego, à La Jolla. Il a cinquante-huit ans. Il y vivra jusqu'à la mort de son épouse.

1947 A la Jolla, Chandler mène maintenant une vie très rangée et de plus en plus solitaire, aux côtés de Cissy - qui a maintenant soixante-seize ans - et de sa chatte persane.
Les studios Universal lui commandent un scénario : ce sera *Playback*. Le film ne sera pas réalisé, mais deviendra, dix ans plus tard, son dernier roman.
Cette solitude l'amène à entretenir une très abondante correspondance qu'on a pu comparer aux carnets de note d'un écrivain.*

1948 Il commence à écrire, avec difficulté, *The Little Sister* **, où sur une trame policière dure, il décrit le milieu du "Show Business" qu'il a connu à Hollywood. Un feuilleton radio - *Les aventures*

* Frank Mac Shane. *The Life of Raymond Chandler*. 1976.
** Traduit sous le titre *Fais pas ta rosière* (Série noire n° 64)

de Philippe Marlowe - est produit par CBS, et remporte un vif succès.

1949 Parution de *The Little Sister*. Dans sa correspondance, Chandler se plaint de ses problèmes financiers, de sa santé et de celle de son épouse. Il fréquente Erle Stanley Gardner, écrivain et avocat, créateur de l'avocat investigateur Perry Mason.

1950 La Warner Bros. l'engage pour écrire le scénario de *Strangers on a Train* (*L'inconnu du Nord Express*), d'après le roman de Patricia Highsmith. Réalisateur : Alfred Hitchcock. Malgré une estime réciproque, l'association entre ces deux fortes personnalités n'arrive pas à son terme. Achevé par Czenzi Ormonde, le scénario sera cosigné par Chandler, avec réticence. Il sera surpris du succès du film.

1951 Il écrit deux nouvelles fantastiques, *The Bronze Door* (*La porte de bronze*) et *Professor Bingo's Stuff*, (*La Reniflette du Pr. Bingo*). Considéré maintenant, et surtout en Grande Bretagne, comme un "véritable écrivain", il correspond avec ses pairs, tels J.B. Priestley, Somerset Maugham.
Il entreprend son sixième roman, *The Long Good-bye*, dans une atmosphère pénible de maladie et de solitude.

1952 Il achève *The Long Good-bye* dont il a particulièrement travaillé le style. Pour la première fois, il donne une description de son héros, Marlowe, et de son environnement. Il s'embarque pour l'Angleterre avec sa femme. Il est reçu à Londres par son éditeur Hamilton, et est invité dans le milieu littéraire, qui l'apprécie. Publication d'un article sur la relation auteur/agent littéraire, *Ten per Cent of Your Life*.

1953 La santé de Cissy s'altère irrémédiablement. Accablé par la souffrance de sa femme, Chandler recommence à boire.

1954 Publication aux Etats-Unis de *The Long Good-bye*. * Chandler est invité à s'installer sur la côte d'Azur. Mais

* Traduit sous le titre de Sur un air de Navaja (Série Noire, n° 221. Poche Noire n° 80).

l'état de Cissy s'aggrave. Elle s'éteint en décembre, à quatre-vingt-quatre ans.

1955 Après trente ans de mariage, Chandler se retrouve seul, à soixante-sept ans. Il noie son chagrin dans l'alcool, tente de se suicider, se manque et est admis à l'hôpital pour y suivre une cure de désintoxication. Il vend sa maison de La Jolla, s'installe quelque temps à l'hôtel à New-York. Il reçoit le prix de la Mystery Writers Association of America. Il s'embarque pour l'Angleterre, où il rencontre Ian Fleming, le créateur de James Bond.
Par l'intermédiaire de l'écrivain et éditeur Stephen Spender, et de son épouse Natacha, il est accueilli et fêté dans les milieux littéraires londoniens.
Nombreuses aventures féminines.

1956 Retour à New York et à la boisson. Séjour à l'hôpital, puis en Californie.

1957 Il entreprend la création d'un roman tiré de son scénario *Playback*. Il se lie à son nouvel agent littéraire, Helga Greene.

1958 Publication de *Playback*. Retour à Londres et nouvelles crises d'éthylisme. Il se rend à Naples pour interviewer le gangster Lucky Luciano, expulsé des Etats-Unis. Retour aux Etats-Unis. Il commence à rédiger une nouvelle, *The Pencil* (*Le crayon*) où Philippe Marlowe réapparaît.

1959 Il envisage d'épouser Helga Greene. Celle-ci l'emmène à New York où il a été élu président de la Mystery Writers of America. Il revient en Californie. Frappé d'une pneumonie, il meurt le 26 mars.

Signes et abréviations

❐	noter	qqch.	quelque chose
		qqn.	quelqu'un
adj.	adjectif	sb.	somebody
adv.	adverbe	s.o.	someone
cf.	conférer	sth.	something
fam.	familier	sl.	slang
G.B.	anglais	syn.	synonyme
m.à m.	mot à mot	v.	verbe
n.	nom	US	américain
p.p.	participe passé		

Trouble is My Business

1

Anna Halsey was about two hundred and forty pounds of middle-aged putty-faced[1] woman in a black tailor-made suit. Her eyes were shiny black shoe-buttons, her cheeks were as soft as suet and about the same colour. She was sitting behind a black glass desk that looked like Napoleon's tomb and she was smoking a cigarette in a black holder that was not quite as long as a rolled umbrella. She said : ' I need a man.'

I watched her shake ash[2] from the cigarette to the shiny top of the desk where flakes of it curled and crawled in the draught[3] from an open window.

'I need a man good-looking enough to pick up[4] a dame who has a sense of class, but he's got to be tough enough to swap punches with a power shovel. I need a guy[5] who can act like a bar lizard[6] and backchat[7] like Fred Allen[8], only better, and get hit on the head with a beer truck and think some cutie[9] in the leg-line[10] topped him with a breadstick'.

'It's a cinch,[11]' I said, 'You need the New York Yankees[12], Robert Donat[13], and the Yacht Club Boys.'

'You might do,' Anna said, 'cleaned up a little. Twenty bucks a day and ex's. I haven't brokered a job in years, but this one is out of my line. I'm in the smooth-angles of the detecting business and I make money without getting my can[14] knocked off. Let's see how Gladys likes you.'

---

1. **putty-faced** (fam.) : m. à m. *au visage en mastic* ; **to putty**, *mastiquer*.
2. **ash** (pluriel **ashes**) : 1. (ici) : *cendre*. 2. **ashes**, *cendres*. (*dépouille mortelle*).
3. **draught** : 1. (ici) *courant d'air*. 2. *gorgée, trait*.. 3. *traction*. 4. *tirant d'eau*. 5. **on draught**, *à la pression* (*bière*). 6. **draughts**, *jeu de dames*.
4. **to pick up** : 1. ici (fam.) *accrocher*, dans le sens de *lier connaissance facilement*. 2. *prendre, ramasser*. 3. *reprendre, retrouver* (forces).
5. **guy** (US) pop. : *type, bonhomme, mec*. (GB) : **fellow**.
6. **bar lizard** (on **lounge lizard**) : 1. *homme à femmes*. 2. *parasite*.
7. **to back chat** (var. de **backtalk**) (sl.) : *répliquer avec impertinence*.

Anna, c'était près de cent vingt kilos en costume tailleur noir et le visage en papier mâché d'une femme entre deux âges. Ses yeux luisaient comme des boutons de bottines noirs dans un visage mou comme de la graisse de rognon et à peu près aussi blafard. Elle était assise derrière un bureau de verre noir qui ressemblait au tombeau de Napoléon et tirait sur un fume-cigarette de la même couleur, pas tout à fait aussi long qu'un parapluie roulé : "J'ai besoin d'un homme", me dit-elle.

Je la regardai secouer sa cigarette vers la surface brillante du bureau où un courant d'air venu d'une fenêtre ouverte fit tourbillonner et s'éparpiller les cendres.

"J'ai besoin d'un homme assez beau gars pour lier facilement connaissance avec une fille qui sait reconnaître la classe et assez coriace pour se colleter avec une pelle mécanique. J'ai besoin d'un type qui puisse jouer le rôle d'un homme à femmes et avoir le sens de la repartie d'un Fred Allen, mais en mieux, et se faire cogner le crâne par un camion à bière et penser que c'est une jolie mignonne du premier rang qui lui caresse la tête avec un gressin?"

"Facile à faire", lui dis-je, "il vous faut l'équipe des New York Yankees, Robert Donat et les Yatch Club Boys."

"Tu pourrais faire l'affaire, un peu débarbouillé. Vingt dollars par jour plus les frais. Ça fait des années que je n'ai pas sous-traité une affaire. Mais celle-ci n'est pas dans mes cordes. Mon genre c'est l'enquête en douceur et je fais mon beurre sans me faire démolir le bas du dos. Voyons si tu fais de l'effet sur Gladys."

---

8. **Fred Allen** (1894-1956) : humoriste américain, célèbre pour son émission de radio ***The Fred Allen Show*** (1932-1949), et ses commentaires caustiques de l'actualité.
9. **cutie** : 1. ici (US. fam.) *jolie fille*. 2. **cutey** (US) *petite futée* ; **cute** (adj.) 1. *dégourdi, déluré*. 2. **cutey** (US) : *mignon, gentil*.
10. **leg line** : m.à m. *la rangée des jambes* (des danseuses au cabaret) ; **legshow**, *revue avec danseuses nues*.
11. **cinch** (US sl.) : *travail facile à faire, couru*.
12. **New York Yankees** : célèbre équipe de baseball (une des quatorze équipes de l'American League).
13. **Robert Donat** (1905-1958), acteur britannique ; un des meilleurs jeunes premiers des années 30 : *Les Trente Neuf Marches* (A. Hitchcock), *Fantômes à vendre* (R. Clair), *Goodbye M. Chips* (S. Wood).
14. **can** : 1. *bidon, pot*. 2. ici (US sl.) = **buttock** : *derrière, postérieur*. 3. (US) *boîte de conserve*. 4. (US sl.) = **jail** : *tôle* ; = **safe**, *coffiot* ; = **toilets** : *gogues* ; = **plane**, *zinc*.

She reversed the cigarette holder and tipped a key on a large black-and-chromium annunciator box. 'Come in and empty Anna's ashtray, honey[1].'

We waited.

The door opened and a tall blonde dressed better than the Duchess of Windsor strolled in.

She swayed[2] elegantly across the room, emptied Anna's ashtray, patted her fat cheek, gave me a smooth rippling glance[3] and went out again.

'I think she blushed[4],' Anna said when the door closed. 'I guess[5] you still have it.'

'She blushed - and I have a dinner date[6] with Darryl Zanuck[7]' I said. 'Quit horsing[8] around. What's the story ?'

'It's to smear[9] a girl. A redheaded number with bedroom eyes. She's shill[10] for a gambler[11] and she's got her hooks into a rich man's pup[12].'

'What do I do to her ?'

Anna sighed. 'It's kind of a mean job, Johnny, I guess. If she's got a record of any sort, you dig it up and toss it in her face. If she hasn't, which is more likely as she comes from good people, it's kind of up to you. You get an idea once in a while, don't you ?'

'I can remember the last one I had. What gambler and what rich man ?'

'Marty Estel.'

I started to get up from my chair, then remembered that business had been bad for a month and that I needed the money.

---

1. **honey** : 1. *miel.* 2.(ici) mot tendre : *mon chou* ,(*chéri(e)*, *jolie fille.*
2. **to sway** : 1. *se balancer.* 2. (ici). *se diriger.* 3. *entraîner, faire pencher, influencer.*
3. **glance** : *coup d'œil* (en biais) ; **at the first glance** : *à première vue.*
4. **to blush** : *rougir, piquer un fard*; **blushing** , *rougissant, timide.*
5. **to guess** : 1. *deviner, conjecturer, estimer,* **a guess,** *une estimation.* 2. ici (US) : **to think, to believe,** souvent utilisé au sens de

Elle retourna son fume-cigarette et du bout de ce dernier enfonça une touche sur un grand interphone chromé noir. "Viens vider le cendrier d'Anna, mon chou".

Nous attendîmes.

La porte s'ouvrit et une grande blonde, plus élégante que la duchesse de Windsor, entra d'un pas nonchalant.

Elle ondula avec grâce à travers la pièce, vida le cendrier, tapota la joue grasse d'Anna du bout des doigts, m'adressa un regard caressant et appuyé et ressortit.

"Je crois qu'elle a rougi", dit Anna quand la porte se referma. "J'ai l'impression que tu tiens encore la route."

"Elle a rougi et moi j'ai rendez-vous à dîner avec Darryl Zanuck", dis-je. "Arrête de tourner autour du pot. De quoi s'agit-il ?"

"De piéger une fille. Une rouquine avec des yeux qui appellent à sauter dans son lit. Elle sert de compère à un joueur professionnel et a pris dans ses griffes le rejeton d'un richard."

"Qu'est-ce que je lui fais ?"

Anna soupira. "C'est comme qui dirait une sale besogne, Johnny. Si elle avait comme des antécédents, tu pourrais les déterrer et les lui balancer à la figure. S'il n'y a rien contre elle, ce qui est plus probable du fait qu'elle vient d'un bon milieu, c'est à toi de jouer. T'as une idée une fois de temps en temps, non ?"

"Je me rappelle de la dernière qui m'est venue. Le nom du joueur et celui du richard ?"

"Marty Estel."

Je commençai à me lever de ma chaise, puis je me rappelai que les affaires étaient mauvaises depuis un mois et que j'avais besoin de cet argent.

---

penser, *croire*, *supposer* ; **I guess so** , *sans doute*.
6. **date** : 1. *date*. 2. US (fam.) *rendez-vous* (en général avec qn du sexe opposé).
7. **Darryl Zanuck** (1902-1979), producteur de cinéma (après avoir été figurant, acteur, scénariste). Président de la Twentieth Century Fox (1935-1956), il fera travailler les plus grands metteurs en scène (J. Ford, F. lang, O. Preminger, E. Kazan).
8. **to horse** (US sl.) : **to refuse to talk seriously, to joke**, d'où, ici, *tourner autour du pot* (cf. p. 76).
9. **to smear** : 1. *salir*, *barbouiller*. 2. (ici) *démolir la réputation* .
10. **shill (shillaber)** : (US.sl.) *compère*, *comparse*, *accolyte* (d'un joueur ou d'un vendeur pour encourager les gens à jouer.
11. **gambler** : *joueur*; **to gamble**, *jouer* (de l'argent).
12. **pup** : 1. (ici) *rejeton*, *jeunot*. 2. *chiot*, *petit chien*.

I sat down again.

'You might get into trouble, of course,' Anna said. 'I never heard of Marty bumping anybody off in the public square at high noon[1], but he don't play with cigar coupons.'

'Trouble is my business,' I said. 'Twenty-five a day and a guarantee of two-fifty, if I pull[2] the job.'

'I gotta[3] make a little something for myself,' Anna whined.

'O.K. There's plenty of coolie labour[4] around town. Nice to have seen you looking so well. So long, Anna.'

I stood up this time. My life wasn't worth[5] much, but it was worth that much. Marty Estel was supposed to be pretty rough people, with the right helpers and the right protection behind him. His place was out in West Hollywood, on the Strip[6]. He wouldn't pull anything crude[7], but if he pulled at all, something would pop[8].

'Sit down, it's a deal[9],' Anna sneered[10]. 'I'm a poor old broken-down woman trying to run a high-class detective agency on nothing but fat and bad health, so take my last nickel[11] and laugh at me.'

'Who's the girl ?' I had sat down again.

'Her name is Harriet Huntress[12] - a swell[13] name for the part[14] too. She lives in the El Milano, nineteen-hundred block on North Sycamore, very high-class. Father went broke back in thirty-one and jumped out of his office window. Mother dead. Kid sister in boarding school back in Connecticut. That might make an angle.'

---

1. **high noon** : *midi précis.*
2. **to pull** : *tirer, traîner* ; **to pull a job** (sl.), *faire un coup* ; **to pull a heist,** *faire une attaque à main armée.*
3. **gotta = got to.**
4. **coolie labour** : m.à m. *main-d'œuvre indigène* ; **coolie,** *homme de peine* (Chine, Inde), *coolie.*
5. **to be worth** : *valoir* ; suivi verbe + **-ing. It's worth trying,** *ça vaut la peine d'essayer* ; **worth,** *valeur,* **he wants his money worth,** *il en veut pour son argent.*
6. **the Strip** : partie de *Sunset Boulevard* au nord de Los Angeles, bordant *Beverly Hills* et *Hollywood.*

Je me rassis.

"Bien sûr, tu pourrais t'attirer des ennuis", dit Anna. "Je n'ai jamais entendu dire que Marty ait déscendu quelqu'un en plein midi sur une place publique mais c'est pas le genre à collectionner des images."

"Les ennuis c'est mon problème", dis-je ."Vingt-cinq dollars par jour et deux cent cinquante garantis si je réussis le travail."

"Faut aussi que je m'fasse un petit quelque chose", dit Anna sur un ton geignard.

"OK. Il y a plein de boulot de débardeur en ville. C'était chouette de t'avoir vue en si bonne forme, Anna. A un de ces quatre."

Je me levai cette fois-ci. Ma vie n'avait pas beaucoup de valeur, mais elle valait bien ça. Marty Estel était censé être un type du genre expéditif, nanti de "collaborateurs" bien choisis et de protecteurs bien placés. Sa boîte était située à l'ouest d'Hollywood, sur le Strip. Ce n'était pas l'homme à se lancer dans un coup sommaire, mais s'il s'y mettait, ça risquait de péter.

"Assieds-toi, ça marche !" dit-elle en grimaçant. "Je ne suis qu'une pauvre vieille usée qui n'a que sa graisse et sa mauvaise santé pour faire marcher une agence privée 'sélect', alors prends mes derniers cents et paye-toi ma tête."

"C'est qui la fille ?" Je m'étais rassis.

"Elle s'appelle Harriet Huntress - un chouette nom pour son personnage. Elle vit à l'El Milano, bloc 1900 sur North Sycamore, très sélect. Son père s'est retrouvé ruiné en 31 —et s'est jeté par la fenêtre de son bureau. Mère décédée. Une petite sœur pensionnaire dans le fond du Connecticut. Ça pourrait être une approche."

---

7. **crude** : *brut* (**crude oil**, *pétrole brut*) ; *vert* (fruit) ; *grossier* ; *indigeste* ; *sommaire*.
8. **to pop** : 1. (ici) *éclater*, *péter*. 2. *faire sauter* (bouchon). 3. (fam.) *aller*, *venir* ; **to pop over**, *faire un saut* ; **pop** : *bruit sec* .
9. **deal** : 11. (fam.) *affaire* ; **it's a deal** : *marché conclu* ; **to give s.o. a square deal** : *agir loyalement envers qn*. 2. *donne* (cartes). 3. *quantité* ; **a great deal** : *beaucoup*.
10. **to sneer** : *ricaner*, *parler*, *sourire d'un air méprisant*.
11. **nickel** (sl.) : *pièce de cinq cents*.
12. **Huntress** : ici nom propre, mais aussi féminin de **hunter**, *chasseur* ; **Diana the Huntress** : *Diane chasseresse*.
13. **swell** (sl.) : *chouette*, *chic*, *épatant*, *élégant*.
14. **part** : 1. *partie*, *part*. 2. (ici) *rôle* , *personnage*.

'Who dug up[1] all this ?'

'The client got a bunch[2] of photostats[3] of notes the pup had given to Marty. Fifty grand[4] worth. The pup - he's an adopted son to the old man - denied[5] the notes, as kids will. So the client had the photostats experted by a guy named Arbogast, who pretends to be good at that sort of thing. He said O.K. and dug around a bit, but he's too fat to do leg-work[6], like me, and he's off[7] the case now.'

'But I could talk to him ?'

'I don't know why not.' Anna nodded[8] several of her chins.

'This client - does he have a name ?'

'Son, you have a treat[9] coming. You can meet him in person - right now.'

She tipped the key of her call-box again. 'Have Mr Jeeter come in, honey.'

'That Gladys,' I said, 'does she have a steady[10] ?'

'You lay off[11] Gladys !' Anna almost screamed at me. 'She's worth eighteen grand a year in divorce business to me. Any guy that lays a finger on her, Johnny Dalmas, is practically cremated.'

'She's got to fall[12] some day,' I said. 'Why couldn't I catch her?'

The opening door stopped that.

I hadn't seen him in the panelled reception-room, so he must have been waiting in a private office. He hadn't enjoyed it. He came in quickly, shut the door quickly, and yanked[13] a thin octagonal platinum watch from his vest and glared at it.

---

1. **to dig up** : *déterrer* ; **to dig, dug, dug,** *bêcher, labourer.*
2. **bunch** : *bouquet, botte, touffe, flot, poignée* ; *groupe.*
3. **photostats** : m.à m. : *copie photographique.*
4. **grand** : 1. (ici), nom invariable (fam.), *mille dollars.* 2. (adj.) *grand, principal* ; *grandiose, imposant* ; (fam.) *épatant.*
5. **to deny** : 1. (ici) *nier, démentir, repousser.* 2. *refuser.*
6. **leg-work** : (US. sl.) 1. activité consistant à rassemble de l'information en s'agitant de tous côtés. 2. (boxe) *jeu de jambes.*

"Qui a déterré tout ça ?"

"Le client a un tas de photocopies de reconnaissances de dette que son môme avait donné à Marty. Y en a pour cinquante mille dollars. Le petit - c'est un fils adoptif du vieux - nie comme un gamin avoir signé les papiers. Aussi le client a fait expertiser les photocopies par un type qui prétend s'y connaître, un nommé Arbogast. Ce dernier a accepté de fouiner un peu, mais il est comme moi, trop gras pour courir à droite et à gauche, et maintenant il n'est plus sur le coup.

"Mais je pourrais lui parler ?"

"Je ne vois pas ce qui s'y oppose", acquiesça Anna, en faisant ballotter plusieurs de ses mentons.

"Ce client a-t-il un nom ?"

"Mon gars, c'est du gâteau en perspective. Tu peux le rencontrer en personne et tout de suite."

Elle enfonca à nouveau une touche sur son interphone. "Fais rentrer Monsieur Jeeter, mon chou."

"Cette Gladys", demandai-je, "est-ce qu'elle a un régulier ?"

"Touche pas à Gladys !", se mit-elle presque à brailler. "Elle me ramène dix-huit mille dollars par an dans le 'bizness' divorce. Le premier mec qui pose un doigt sur elle, Johnny Dalmas, il est comme qui dirait pratiquement incinéré."

"Faudra bien qu'elle ait un béguin un de ces jours", dis-je, "Pourquoi pas moi ?"

La porte s'ouvrit et arrêta tout cela.

Je ne l'avais pas vu dans la salle d'attente lambrissée. Aussi avait-il dû attendre dans un bureau particulier. Il n'avait pas apprécié. Il entra vivement, et, fermant la porte de même, tira de son gilet une montre octogonale mince en platine, qu'il consulta avec fureur.

---

7. **to be off** (ici) *partir* (m. à m. : *il est parti de l'affaire*). **I must be off** , *il faut que je parte* ; **off we go !** *en route* !
8. **to nod** : *opiner, mouvoir la tête de bas en haut pour acquiescer.* (**to shake** : mouvement latéral, indique la désapprobation).
9. **treat** : 1. *festin, régal.* 2. *fête, plaisir.*
10. **a steady** : 1. ici (US. nom) *ami(e) attitré(e), "régulier(e)" ; support.* 2. (adj.) *continu, persistant, régulier, ferme, soutenu.* 3. (adv.) *doucement !*
11. **to lay off** : 1. ici (US. sl.) *arrêter d'asticoter.* 2. *congédier, débaucher*; **lay off** (n.) *période de chômage.*
12. **to fall** : 1. *tomber.* 2. (ici) *s'amouracher, s'éprendre* 2. *être arrêté, condamné.*
13. **to yank** (US) : *tirer d'un coup sec.*

He was a tall white-blond type in pin-striped[1] flannel of youthful cut. There was a small pink rosebud in his lapel. He had a keen-frozen face, a little pouchy[2] under the eyes, a little thick in the lips. He carried an ebony cane with a silver knob, wore spats and looked a smart[3] sixty, but I gave him close to ten years more. I didn't like him.

'Twenty-six minutes, Miss Halsey,' he said icily. 'My time happens to be valuable. By regarding it as valuable I have managed to make a great deal of money.'

'Well, we're trying to save you some of the money,' Anna drawled. She didn't like him either. 'Sorry to keep you waiting, Mr Jeeter, but you wanted to see the operative[4] I selected and I had to send for him.'

'He doesn't look the type to me', Mr Jeeter said, giving me a nasty glance. 'I think more of a gentleman .'

'You're not the Jeeter[5] of *Tobacco Road*[6], are you ?' I asked him.

He came slowly towards me and half lifted the stick. His icy eyes tore at me like claws. 'So you insult me,' he said. 'Me - a man in my position.'

'Now wait a minute,' Anna began.

'Wait a minute nothing,' I said. 'This party[7] said I was not a gentleman. Maybe that's O.K. for a man in his position, whatever it is - but a man in my position doesn't take a dirty crack[8] from anybody. He can't afford to. Unless, of course, it wasn't intended.'

Mr Jeeter stiffened and glared at me. He took his watch out again and looked at it. 'Twenty-eight minutes,' he said.

---

1. **pin-striped** : formé sur **pin-stripe**, *filet de couleur* dans une étoffe.
2. **pouchy** : adj. formé sur **pouch**, *poche* (sous les yeux) ; *bourse, petit sac.*
3. **smart** : 1. (ici) *élégant, chic.* 2. *dégourdi, ingénieux* ; *malin.* 3. *alerte, vif.*
4. **operative** 1. ici (US) : *détective* ; *agent* d'un service gouvernemental (CIA, FBI) 2. *ouvrier, artisan* .5. **Jeeter** : allusion à **Jeeter Lester**, personnage grossier de ***Tobacco Road***, d'où, en argot, **a jeeter** : *un malappris débraillé.*

C'était un grand type blondasse en complet flanelle à fines rayures, de coupe juvénile. Il portait un petit bouton de rose au revers. Son visage était à la fois acéré et figé, avec de légères poches sous les yeux et la lèvre un peu lourde. Il tenait à la main une canne d'ébène à pommeau d'argent, portait des guêtres et arborait une soixantaine élégante, mais je lui en donnai bien dix de plus. Il ne me plaisait pas.

"Vingt-six minutes, Miss Halsey", dit-il, glacial. "Il se trouve que mon temps est précieux. C'est en le considérant comme précieux que je suis arrivé à gagner beaucoup d'argent."

"Et bien, on essaie de vous en économiser de votre argent", répondit Anna d'une voix traînante. Elle ne l'aimait pas non plus. "Désolé de vous faire attendre, M. Jeeter, mais vous vouliez voir le détective privé que j'ai sélectionné et j'ai dû le faire venir."

"Il ne me paraît pas avoir le profil", dit M. Jeeter en me dévisageant d'un air mauvais. "Je pensais à quelqu'un qui fasse plus gentleman."

"Vous ne seriez pas le Jeeter de la Route du Tabac, des fois ?" lui demandais-je.

Il vint lentement vers moi, levant sa canne à moitié. Son regard glacial me déchira comme avec des griffes. "Alors, vous m'insultez", dit-il. "Moi - dans ma position."

"Allons ! Restons calme !" commença Anna.

"Restons calme, zéro !" dis-je. "Ce type a dit que je n'étais pas un gentleman. C'est peut-être un individu très bien pour quelqu'un de sa condition - quelle qu'elle soit - mais quelqu'un dans la mienne n'accepte pas une méchante vanne de qui que ce soit. Il ne peut se le permettre. A moins bien sûr que ça n'ait pas été intentionnel."

M. Jeeter se raidit et me regarda furieusement. Il sortit à nouveau sa montre et la consulta. "Vingt-huit minutes", dit-il.

---

6. **Tobacco Road** : roman d'Erskine Caldwell (1903-1987) paru en 1932, mettant en scène des "petits blancs" pauvres, dans une zone rurale déshéritée de l'Etat de Géorgie, traversée par une voie, nommée *route du tabac* où passaient les cargaisons de tabac ; **tobacco road** est devenu un nom commun pour désigner une zone ou une communauté sinistrée.
7. **party** : 1. (ici) *individu, personne* . 2. *parti* . 3. *groupe, réunion.*
8. **crack** : (US fam.) *moquerie, bon mot, vanne.*

'I apologize, young man. I had no desire to be rude[1].'

'That's swell[2]', I said. 'I knew you weren't the Jeeter in Tobacco Road all along.'

That almost started him again, but he let it go. He wasn't sure how I meant it.

'A question or two while we are together,' I said. 'Are you willing to give this Huntress girl a little money - for expenses[3] ?"

'Not one cent,' he barked[4]. 'Why should I ?'

'It's got to be a sort of custom[5]. Suppose she married him. What would he have ?'

'At the moment a thousand dollars a month from a trust fund[6] established by his mother, my late[7] wife.' He dipped[8] his head. 'When he is twenty-eight years old, far too much money.'

'You can't blame the girl for trying,' I said. 'Not these days. How about Marty Estel ? Any settlement[9] there ?'

He crumpled his grey gloves with a purple-veined hand. 'The debt is uncollectible[10]. It is a gambling debt.'

Anna sighed wearily[11] and flicked ash around on her desk.

'Sure,' I said. 'But gamblers can't afford to let people welsh[12] on them. After all, if your son had won, Marty would have paid *him*.'

'I'm not interested in that', the tall thin man said coldly.

'Yeah[13], but think of Marty sitting there with fifty grand in notes. Not worth a nickel. How will he sleep nights ?'

---

1. **rude** : 1. *grossier, impoli, mal élevé*. 2. *primitif, frustre, brut*, **rude ore**, *minerai brut*.
2. **swell** :❐ (adj.) 1. ici (US sl.) *épatant, chouette*. 2. *chic, élégant* ❐ (nom.) 1. *bosse, renflement* 2. *houle*.
3. **expenses** (or **ex's**) : 1. *dépenses, frais, charges*. 2. *dépens* ; **at his expenses**, *à ses dépens*.
4. **to bark** : 1. (ici) *aboyer, dire d'un ton cassant*. 2. *décortiquer, écorcer* ; **bark** : 1. *aboiement*. 2. *écorce*.
5. **custom** : 1. (ici) *coutume, usage*. 2. *droit coutumier* 3. *clientèle*. 4. **customs**, *douane* ; **custom made** (US) *sur commande*.
6. **trustfund** : m. à m.: *sous curatelle*, c.à d. sous tutelle.

"Je vous fais mes excuses, jeune homme. Je ne voulais pas être impoli."

"Epatant", dis-je. "Je savais depuis le début que vous n'étiez pas le Jeeter de la *Route du Tabac.*"

Ça faillit le remettre en branle, mais il laissa tomber. Il n'était pas sûr de ce que je voulais dire.

"Tant que nous sommes ensemble, une ou deux questions", dis-je. "Etes-vous disposé à verser un peu d'argent à la fille Huntress - pour ses 'frais'?"

"Pas un cent", aboya-t-il. "Pourquoi le ferais-je ?"

"Ça doit être une sorte d'usage. Supposons qu'elle l'épouse. Quels sont ses moyens ?"

"Pour le moment une rente de mille dollars par mois, d'un capital constitué par sa mère, ma défunte épouse." Sa tête s'inclina. "Quand il aura vingt-huit ans, beaucoup trop d'argent."

"On ne peut pas reprocher à la fille de tenter sa chance", dis-je. "Par les temps qui courent. Et pour Marty Estel ? Y a-t-il un versement à la clé ?"

Il froissa ses gants gris d'une main aux veines violacées.

"C'est une dette non exigible, une dette de jeu."

Anna soupira avec lassitude et fit voler de la cendre sur son bureau.

"Bien sûr", dis-je. "Mais les joueurs professionnels ne peuvent laisser leur partenaire filer avec les enjeux. Après tout, si votre fils avait gagné, Marty *l*'aurait payé."

"Ça ne m'intéresse pas", répondit froidement le grand homme maigre.

"Ouais. Mais pensez à Marty, en rade avec cinquante bâtons de reconnaissances de dette ne valant pas un clou. Il va rester à dormir, d'après vous ?"

---

7. **late** ❐ (adj.) 1. (ici) *feu, décédé(e), défunt(e)* ; *ancien, ex* . 2. *en retard* ; *tard.* 3. *tardif.* 4. *récent, tardif.* ❐ (Adv.)*en retard.*
8. **to dip** : 1. (ici) : *baisser, incliner* .2. *plonger, tremper.*
9. **settlement** : 1. (ici) *règlement* (somme), *versement.* 2. *résolution* (conflit). 3. *établissement* (d'une population dans un pays).
10. **uncollectible** : *non recouvrable.* ❐ **uncollected,** *non perçu.*
11. **wearily** : adv. formé sur **weary,** : *las* ; **tired,** *fatigué.*
12. **to welsh** (terme de bookmaker) : *filer avec les enjeux, ne pas payer un pari perdu* ; **welsher** , *bookmaker marron.*
13. **yeah** : familier pour yes.

Mr Jeeter looked thoughtful. 'You mean there is danger of violence ?' he suggested, almost suavely.

'That's hard to say. He runs[1] an exclusive[2] place, gets a good movie[3] crowd. He has his own reputation to think of. But he's in a racket and he knows people. Things can happen - a long way off from where Marty is. And Marty is no bathmat[4]. He gets up and walks.'

Mr Jeeter looked at his watch again and it annoyed him. He slammed it back[5] into his vest. 'All that is your affair,' he snapped[6]. 'The district attorney[7] is a personal friend of mine. If this matter seems to be beyond your powers-'.

'Yeah,' I told him. 'But you came slumming down[8] our street just the same. Even if the D.A. is in your vest pocket - along with that watch.'

He put his hat on, drew on one glove, tapped the edge of his shoe with his stick, walked to the door and opened it.

'I ask results and I pay for them,' he said coldly. 'I pay promptly. I even pay generously sometimes, although I am not considered a generous man. I think we all understand one another.'

He almost winked[9] then and went on out. The door closed softly against the cushion of air in the door-closer. I looked at Anna and grinned.

'Sweet, isn't he ?' she said. 'I'd like eight of him for my cocktail set.'

I gouged[10] twenty dollars out of her - for expenses.

---

1. **to run** : 1. (ici) *diriger, gérer, tenir, faire fonctionner*. 2. *organiser*. 3. *publier* (article). 4. *vendre, avoir en magasin*.
2. **exclusive** : (adj.) 1. *fermé, sélect* (club). 2. *exclusif*.
3. **movie** :(US) *film* ; **the movies** , *le ciné* ; *l'industrie du cinéma*.
4. **bathmat** : m.à m., *descente de bain*.
5. **to slam back** : **to slam**, *claquer, faire claquer, fermer violemment*. Noter le rôle et l'importance de la postposition adverbiale **back,** traduite par un verbe : *glissa*.

M. Jeeter eut l'air pensif. "Vous voulez dire qu'il y a risque de violence ?" insinua-t-il, presque suave.

"Difficile à dire. Il tient une boîte sélect, fréquentée par pas mal de gens du cinéma. Il doit penser à sa réputation. Mais il fait partie d'une organisation et il connaît du monde. Il peut se passer des choses. Bien loin d'où il se trouve. Et Marty n'est pas une carpette. Il se lève et il fonce !"

M. Jeeter regarda sa montre à nouveau et cela le contraria. Il la referma violemment en la glissant dans son gilet. "Tout ceci c'est votre affaire", dit-il sèchement. "Le District Attorney est un ami personnel. Si cette affaire semble dépasser vos capacités..."

"Ouais", lui dis-je, "mais vous avez pourtant pris le chemin de notre rue mal famée. Même si le District Attorney est dans votre poche, à côté de votre montre !"

Il remit son chapeau, passa un gant, tapota le bord de sa chaussure avec sa canne, se dirigea vers la porte et l'ouvrit.

"Je demande des résultats et je les paie", dit-il froidement. "Je paie vite. Et parfois il m'arrive même d'être généreux quand je paie, même si on ne me considère pas comme tel. Je crois que nous nous comprenons."

Il fit presque un clin d'œil et sortit. La porte se referma doucement contre le coussin d'air.

Je regardai Anna avec un sourire en coin.

"Charmant, hein ?" dit-elle. "Il m'en faudrait huit comme ça pour mon service à cocktail."

Je lui soutirai vingt dollars - pour mes frais.

---

6. **to snap** : 1. (ici) *dire d'un ton cassant, sec*. 2. (*se*) *briser*, (*se*) *rompre*, (*se*) *casser net avec un bruit sec*. 3. *claquer, faire un bruit sec*.
7. **district attorney, D.A.**: (US) *procureur de la République* ; **attorney** (US), *avocat, avoué, fondé de pouvoir* ; **Attorney General** (US) : *ministre de la Justice*.
8. **to slum down** : *descendre dans les bas quartiers* ; **slum**, *taudis, bas quartiers*.
9. **to wink** : 1. (ici) *cligner de l'œil, clignoter*. 2. *vaciller* ; **a wink** : *un clin d'œil*.
10. **to gouge** : 1. ici (US. sl.) *refaire, estamper, soutirer, extorquer, se sucrer*. 2. *creuser à la gouge* (bois).

2

The Arbogast I wanted was John D. Arbogast and he had an office on Sunset[1] near Ivar[2]. I called him up from a phone booth. The voice that answered was fat. It wheezed[3] softly, like the voice of a man who had just won a pie[4]-eating contest[5].

'Mr John D. Arbogast ?'

'Yeah.'

'This is John Dalmas, a private detective working on a case you did some experting on. Party[6] named Jeeter.'

'Yeah ?'

'Can I come up and talk to you about it - after I eat lunch ?'

'Yeah.' He hung up. I decided he was not a talkative man.

I had lunch and drove out there. It was east of Ivar, an old two-storey[7] building faced with brick which had been painted recently. The street floor was stores and a restaurant. The building entrance was at the foot of a wide straight stairway[8] to the second floor. On the directory[9] at the bottom I read - *John D. Arbogast, Suite 212*. I went up the stairs and found myself in a wide straight hall that ran parallel with the street. A man in a smock[10] was standing in an open doorway down to my right. He wore a round mirror strapped to his forehead and pushed back and his face had a puzzled expression. He went back to his office and shut the door.

I went the other way, about half the distance along the hall.

---

1. **Sunset** : "*Le boulevard du crépuscule*", une des plus longues artères de Los Angeles.
2. **Ivar** : autre artère de Los Angeles.
3. **to wheeze** : *respirer avec peine, respirer avec un sifflement* ; **a wheeze,** 1. *respiration pénible.* 2. *truc, bonne idée.*
4. **pie** : 1. ici (US) *tarte.* 2. *pâté.* 3. **magpie,** *pie.*

2

L'Arbogast que je recherchais s'appelait John D. Arbogast et avait un bureau sur Sunset Boulevard, près d'Ivar. Je l'appelai d'une cabine publique. La voix qui me répondit était grasse, avec le sifflement poussif d'un homme qui vient de gagner un concours de mangeur de tartes.

"Monsieur John D. Arbogast ?"

"Ouais."

"John Dalmas, détective privé. Je suis sur une affaire pour laquelle vous avez effectué une expertise. Pour un type nommé Jeeter."

"Ah ouais ?"

"Je peux venir vous parler après déjeuner ?"

"Ouais." Il raccrocha. J'en déduisis qu'il n'était pas du genre bavard.

Je déjeunai puis me rendis chez lui en voiture. C'était à l'est d'Ivar, dans un vieux bâtiment à un étage dont la façade en brique venait d'être repeinte. Le rez-de-chaussée abritait des magasins et un restaurant. L'entrée donnait sur un large escalier droit. Le répertoire, dans le fond, indiquait - *John D. Arbogast, Apt. 212.* Je montai et me retrouvai dans un large couloir tout droit et parallèle à la rue. Un homme en blouse était debout dans l'embrasure d'une porte ouverte, sur ma droite. Il portait un miroir rond fixé sur le front et rejeté en arrière et son visage était empreint de perplexité. Il retourna dans son bureau et ferma la porte.

Je rebroussai chemin, jusqu'à environ la moitié du couloir.

---

5. **contest** : 1. (ici) *concours, épreuve, partie.* 2. *combat, lutte.* 3. *controverse, contestation, débat* ; **to contest** : *débattre, disputer* ; *contester, attaquer* ; *se disputer* ; *contestant, compétiteur, concurrent.*
6. **party** : 1. (ici) *individu, personne.* 2. *parti* . 3. *groupe, réunion.*
7. **storey** (US) pour **story** : *étage* ; aux Etats-Unis, le **first storey** est le *rez-de-chaussée*, donc **second storey** = *premier étage.*
8. **stairway** : (US) pour **staircase** (GB) : *escalier.*
9. **directory** : 1. (ici) *répertoire.* 2. *annuaire.*
10. **smock** : 1. *blouse de travail* . 2. *chemise.*

A door on the side away from Sunset was lettered[1] - *John D. Arbogast, Examiner of Questioned Documents*[2]. *Private Investigator. Enter*. The door opened without resistance onto a small windowless ante-room with a couple of easy chairs[3], some magazines, two chromium smoking-stands[4]. There were two floor lamps and a ceiling fixture[5], all lighted. A door on the other side of the cheap but thick and new rug was lettered - *John D. Arbogast, Examiner of Questioned Documents. Private.*

A buzzer[6] had rung when I opened the outer door and gone on ringing until it closed. Nothing happened. Nobody was in the waiting-room. The inner door didn't open. I went over and listened at the panel - no sound of conversation inside. I knocked. That didn't buy me anything either. I tried the knob. It turned so I opened the door and went in.

This room had two north windows, both curtained at the sides and both shut tight[7]. There was dust on the sills[8]. There was a desk, two filing-cases, a carpet which was just a carpet, and walls which were just walls. To the left another door with a glass panel was lettered : *John D. Arbogast. Laboratory. Private.*

I had an idea I might be able to remember the name[9].

The room in which I stood was small. It seemed almost too small even for the pudgy[10] hand that rested on the edge of the desk, motionless, holding a fat pencil like a carpenter's pencil. The hand had a wrist, hairless as a plate.[11] A buttoned shirt-cuff, not too clean, came down out of a coat-sleeve.

---

1. **lettered** : **to letter**, 1. (ici) *inscrire, marquer avec des lettres.* 2. *mettre un titre.*
2. **questionned documents** : m.à m., *documents contestés* ;. **to question**, 1. (ici) *mettre en cause, en doute, en question, contester* . 2. *questionner, interroger.*
3. **easy chair** : *fauteuil, bergère.*
4. **stand** : 1.(ici) *colonne, pied, socle, support.* 2. *arrêt, pause.* 3. *place, position, situation* . 4. *station.* 5. *stand, tribune.*
5. **ceiling fixture** : m.à m. *élément fixe du plafond* ; **fixture**, 1. *appareil fixe* 2. au pluriel : *agencements fixes.*

Sur une porte, du côté opposé à Sunset Boulevard, s'étalait l'inscription - *John D. Arbogast, Expertise en documents Investigateur privé. Entrez.* Sans effet de résistance, la porte s'ouvrit sur une petite antichambre sans fenêtre, avec deux fauteuils, quelques revues, deux cendriers chromés sur socle. Il y avait deux torchères et un plafonnier, le tout allumé. Sur une porte, de l'autre côté d'un tapis bon marché, mais épais et neuf était écrit : *John D. Arbogast. Expert en documents. Privé.*

Une sonnerie se mit à ronfler quand j'ouvris la porte d'entrée jusqu'à ce qu'elle fût refermée. Il ne se produisit rien. Il n'y avait personne dans la salle d'attente. La porte intérieure ne s'ouvrit pas. J'avancai et collai l'oreille contre le panneau- pas le moindre bruit de conversation à l'intérieur. Je frappai. Cela ne me donna rien non plus. J'essayai le bouton de porte qui tourna. J'ouvris donc et pénétrai dans la pièce.

Elle avait deux fenêtres orientées au nord, toutes deux avec des rideaux et tout ce qu'il y avait de fermées. Leurs rebords étaient recouverts de poussière. Il y avait un bureau, deux fichiers et un tapis qui, comme les murs, ne sortaient pas de l'ordinaire. Sur la gauche, une porte vitrée portait l'inscription : *John D. Arbogast. Privé.*

Il y avait des chances que je me rappelle de son nom.

La pièce où je me tenais était petite. Elle paraissait presque trop petite même pour la main boudinée qui reposait immobile, sur le bord du bureau, tenant un crayon, gros comme celui d'un charpentier. Cette main avait un poignet, aussi dépourvu de poil qu'une plaque de verre. Une manchette boutonnée, pas trop nette, émergeait d'une manche de veston.

---

6. **buzzer** : *sonnerie ronflante, vibreur*; **to buzz**, 1. *bourdonner, vrombir*. 2. (US) *donner un coup de téléphone*. cf. n. p. 41.
7. **tight** : 1. adv. (ici) *hermétiquement* ; *fermement* ; **to hold sth tight** : *tenir qqch. serré*. 2. adj. *étanche, raide, tendu, serré, étroit*.
8. **sills** : 1.(ici) *rebord*. 2. *appui, tablette*.
9. m.à m. : j'eus l'idée que je pourrais être en mesure de me souvenir du nom.
10. **pudgy** = **podgy** : *replet, boudiné*.
11. **plate** : 1. (ici) : *plaque de verre*. 2. *assiette*. 3. *planche, gravure, estampe*. 4. *vaisselle dorée, argentée*. 5. *lame, plaque* (de métal) ; **tin-plate**, *fer-blanc*. ; **iron plate**, *tôle*.

The rest of the sleeve dropped over the far edge of the desk out of sight. The desk was less than six feet long, so he couldn't have been a very tall man. The hand and the ends of the sleeves were all I saw of him from where I stood. I went quietly back through the ante-room and fixed[1] its door so that it couldn't be opened from the outside and put out the three lights and went back to the private office. I went around an end of the desk.

He was fat all right, enormously fat, fatter by far than Anna Halsey. His face, what I could see of it, looked about the size of a basket ball. It had a pleasant pinkness, even now. He was kneeling on the floor. He had his large head against the sharp[2] inner corner of the knee-hole[3] of the desk, and his left hand was flat on the floor with a piece of yellow paper under it. The fingers were outspread[4] as much as such fat fingers could be, and the yellow paper showed between. He looked as if he were pushing hard on the floor, but he wasn't really. What was holding him up[5] was his own fat. His body was folded down against his enormous thighs, and the thickness and fatness of them held him that way, knee-ling, poised[6] solid. It would have taken a couple[7] of good blocking backs[8] to knock him over[9]. That wasn't a very nice idea at the moment, but I had it just the same. I took time out and wiped the back of my neck, although it was not a warm day.

His hair was grey and clipped short and his neck had as many folds as a concertina[10].

---

1. **to fix** : 1. (ici) *fixer, caler*. 2. *établir, désigner, convenir*. 3. (US) nombreux usages : *réparer, arranger, préparer* (une boisson), *injecter une dose, payer un "pot-de-vin", casser la figure*.
2. **sharp** : 1. (ici) *aigu, saillant, vif, tranchant*. 2. *déluré, fin, malin*. 3. *aigre*. 4. *perçant, pénétrant*.
3. **knee-hole** : m.à m. *trou, dans un bureau, pour l'entrée des genoux*.
4. **outspread** : *étalé, étendu, déployé*.
5. **to hold up** : 1. (ici) *soutenir, maintenir*. 2. *arrêter, entraver* (circulation). 3. (US) *arrêter pour dévaliser*; **a hold up**, 1. *arrêt, embarras, entrave* . 2. *attaque à main armée*.

Le reste de cette dernière manche disparaissait à la vue à l'autre bout du bord le plus éloigné du bureau. Celui-ci mesurait moins d'un mètre quatre-vingts de long, aussi l'homme ne pouvait pas être très grand. La main et le bout des manches étaient tout ce que je voyais d'où je me trouvais. Je retournai à pas feutrés dans l'antichambre dont je bloquai la porte pour qu'on ne puisse l'ouvrir de l'extérieur, j'éteignis les trois lampes et revins dans le bureau privé. Je me dirigeai derrière le bureau.

L'homme était joliment gros, énorme, de loin plus gros qu'Anna Halsey. Ce que je pouvais voir de son visage paraissait de la taille d'un ballon de basket, avec, même maintenant, une agréable couleur rose. Il était à genoux sur le plancher. Son énorme tête reposait contre l'arête vive du montant intérieur du bureau, et sa main gauche était posée à plat par terre sur une feuille de papier jaune. Les doigts étaient aussi écartés, autant que des doigts aussi boudinés pouvaient l'être, et le papier jaune apparaissait entre chacun d'eux. Il avait l'air de pousser avec force sur le plancher, mais il n'en était rien. Ce qui le maintenait était sa propre graisse. Son corps était replié contre ses énormes cuisses, dont l'épaisse graisse le maintenait ainsi solidement en équilibre sur ses genoux. Il aurait fallu deux solides trois-quarts ailes pour le retourner. Ce n'était pas très beau d'avoir ce genre d'idée à ce moment, mais je l'eus quand même. Je pris mon temps et m'épongeai la nuque bien que la journée ne fût pas chaude.

Ses cheveux gris étaient taillés très court et son cou avait autant de plis qu'un accordéon.

---

6. **to poise** : *équilibrer*, *tenir en équilibre*; **to poise sth in the hand**, *soupeser qqch.* ; **poise**, *aplomb*, *équilibre*; **at poise**, *en équilibre*; **to hang at poise**, *être en balance*; **to have poise**, *avoir de la prestance*.
7. **a couple** : 1. (ici) *deux*, *une paire*. 2. *couple*.
8. **blocking back** : il s'agit en fait de "**backs**", joueurs d'attaque au football américain (qui comprend onze joueurs : sept **line men** et quatre **backs**).
9. **to knock over** : m.à m. *faire tomber*, *renverser* ; **to knock out** : *assommer*; **to knock down** : *renverser*, *mettre à terre*.
10. **concertina** : *accordéon hexagonal*, *concertina*.

His feet were small, as the feet of fat men often are, and they were in black shiny shoes which were sideways[1] on the carpet and close together and neat[2] and nasty. He wore a dark suit that needed cleaning. I leaned down and buried my fingers in the bottomless fat of his neck. He had an artery in there somewhere, probably, but I couldn't find it and he didn't need it any more anyway. Between his bloated[3] knees on the carpet a dark stain[4] had spread and spread...

I knelt in another place and lifted the pudgy fingers that were holding down the piece of yellow paper. They were cool, but not cold, and soft and a little sticky. The paper was from a scratch pad. It would have been very nice if it had had a message on it, but it hadn't. There were vague meaningless marks, not words, not even letters. He had tried to write something after he was shot - perhaps even thought he *was* writing something - but all he managed was some hen scratches.

He had slumped[5] down then, still holding the paper, pinned[6] it to the floor with his fat hand, held on to the fat pencil with his other hand, wedged[7] his torso against his huge thighs, and so died. John D. Arbogast, Examiner of Questioned Documents. Private. Very damned[8] private. He had said 'yeah' to me three times over the phone.

And here he was.

I wiped doorknobs with my handkerchief, put off the lights in the ante-room, left the outer door so that it was locked from the outside, left the hallway, left the building and left the neighborhood. So far as I could tell nobody saw me go. So far as I could tell.

---

1. **sideways** : 1. adv. (ici) *de côté, latéralement*. 2. adj. *latéral*.
2. **neat** : 1. (ici) *en ordre, bien rangé, bien tenu*. 2. *élégant* (style), *bien tourné* (discours), *bien exécuté*. 3. *de bon goût*. 4. *sans eau, sec* (alcool). 5. *adroit*.
3. **bloated** : *boursouflé, gonflé, bouffi* (**with pride**, *d'orgueil*), *congestionné*.
4. **stain** : 1. (ici) *tache*. 2. *colorant* ; **to stain**, *salir, tacher, entacher*. 2. *teindre, teinter*.

Il avait de petits pieds comme en ont souvent les gros, avec des souliers noirs et brillants, reposant serrés l'un contre l'autre sur le côté, bien rangés et vilains. Il portait un costume sombre qui avait besoin d'un nettoyage. Je me penchai et plongeai mes doigts dans le tréfonds des plis graisseux de son cou. Il y avait sans doute une artère quelque part là-dedans, mais je n'arrivais pas à la trouver, et de toute façon, il n'en avait plus besoin. Entre ses genoux boursouflés une tâche sombre avait commencé à s'étendre sur le tapis...

Je m'agenouillai un peu plus loin et soulevai les doigts boudinés qui maintenaient le bout de papier jaune. Ils étaient frais mais non glacés, doux et légèrement poisseux. Le papier provenait d'un bloc-notes. Ç'aurait été bien agréable s'il y avait eu un message écrit dessus, mais il n'y en avait pas. Il n'y avait que des signes vides de sens, pas de mots, ni même de lettres. Il avait essayé d'écrire quelque chose après avoir été abattu - peut-être même avait-il pensé qu'il écrivait effectivement quelque chose - mais il n'avait réussi que quelques ratures.

Il était alors tombé lourdement, tenant toujours la feuille de papier, qu'il avait plaquée contre le sol avec sa grosse main grasse, et gardant dans l'autre le gros crayon, et avait coincé son torse contre ses énormes cuisses, et était mort ainsi. John D. Arbogast, Expert en documents contestés. Investigateur privé. Sacrément privé. Il m'avait dit "Ouais" trois fois au téléphone.

Et il était là.

J'essuyai les boutons de porte avec mon mouchoir, éteignis les lumières dans le vestibule, refermai la porte de l'extérieur, quittai le corridor, quittai le bâtiment et quittai le quartier. Pour autant que je sache, personne ne m'avait vu partir. Pour autant que je le sache.

---

5. **to slump down** : 1. (ici) *tomber comme une masse, lourdement*. 2. *baisser tout à coup, s'effondrer* (prix) ; **a slump**, *baisse soudaine*; **the slump**, *la crise* (économique).
6. **to pin** : 1. (ici) : *coller, fixer, plaquer*. 2. *épingler, attacher*; **a pin**, 1. *une épingle*.. 2. *broche, goupille, cheville*.
7. **to wedge** : 1. *coincer, caler*. 2. *insérer, implanter* ; **wedge** ,1. *coin, cale*. 2. *morceau triangulaire*.
8. **damned** : 1. ici (adv.) *sacrément, bigrement, diablement, rudement*. 2. (adj.) *sacré, satané*.

3

The El Milano was, as Anna had told me, in the 1900 block[1] on North Sycamore. It was most of the block. I parked fairly near the ornamental forecourt and went along to the pale blue neon sign[2] over the entrance to the basement[3] garage. I walked down a railed ramp into a bright space of glistening[4] cars and cold air. A trim[5] light-coloured Negro in a spotless overall suit with blue cuffs came out of a glass office. His black hair was as smooth as a bandleader's[6].

'Busy ?' I asked him.

'Yes and no, sir.'

'I've got a car outside that needs a dusting. About five bucks[7] worth of dusting.'

It didn't work. He wasn't the type. His chestnut eyes became thoughtful and remote. 'That is a good deal of dusting, sir. May I ask if anything else would be included ?'

'A little. Is Miss Harriet Huntress's car in ?'

He looked. I saw him look along the glistening row at a canary-yellow convertible which was about as inconspicuous as a privy[8] on the front lawn.

'Yes, sir. It is in.'

'I'd like her apartment number and a way to get up there without going through the lobby[9]. I'm a private detective.' I showed him a buzzer. He looked at the buzzer[10]. It failed to amuse him.

---

1. **block** : 1. ici (US) *pâté de maisons* ; groupe carré ou rectangulaire de maisons ou d'immeubles situés entre quatre rues ou avenues perpendiculaires. Terme utilisé pour indiquer le chemin : **three blocks from here,** *à trois "blocs" d'ici.*
2. **sign** : 1. (ici) *enseigne, écriteau, poteau.* 2. *signe.* 3. *indication.*
3. **basement** : 1. (ici) *sous-sol.* 2. *soubassement.*
4. **glistening** : **to glisten,** *briller d'un éclat argenté ou mouillé, scintiller, miroiter.* ❒ Noter les mots (noms ou verbes) commençant par **gl** - pour décrire ce qui brille ou luit : **gleam,** *lueur* sur une surface polie ; **glimmer,** *lueur vacillante* ; **glitter,** *lueur rapide et brillante* ; **glow,** *éclat lumineux, lueur rouge.*

3

L'El Milano, comme me l'avait dit Anna, se trouvait au bloc 1900 sur North Sycomore Bd, qu'il occupait presque complètement. Je me garai tout près de sa cour d'entrée décorée et me dirigeai vers l'enseigne au néon bleu pâle du garage en sous-sol. Je descendis une rampe d'accès à une voie qui m'amena à un espace lumineux et aéré, rempli d'automobiles rutilantes. Un Noir à la peau claire, très soigné dans une combinaison immaculée à parements bleus, sortit d'un bureau vitré. Ses cheveux noirs étaient aplatis, comme ceux d'un chef d'orchestre de jazz.

"Vous êtes occupé ?" lui demandai-je.

"Oui et non, monsieur."

"Ma voiture est dehors et a besoin d'un dépoussetage. D'à peu près cinq dollars d'époussetage."

Ça ne marcha pas. Ce n'était pas le genre. Ses yeux marron devinrent pensifs et lointains. "Ça fait beaucoup d'époussetage, monsieur. Puis-je vous demander s'il y a autre chose à faire pour cette somme ?"

"Très peu. L'auto de Miss Harriet Huntress est-elle ici ?"

Il regarda la rangée de véhicules rutilants et je vis ses yeux se poser sur une décapotable jaune canari, aussi discrète que des latrines sur un parterre.

"Oui, monsieur, elle est là."

"J'aimerais avoir le numéro de son appartement et le moyen d'y monter sans passer par le hall d'accueil. Je suis détective privé." Je lui montrai mon badge. Il le regarda. Ça ne réussit pas à le dérider.

---

5. **trim** : ici (adj). *soigné, bien tourné, bien tenu.*
6. **bandleader** (US) : *chef d'un orchestre* (danse, jazz) ; **conductor**, *chef d'orchestre.*
7. **buck** : 1. *daim, chevreuil.* 2. ici (US fam.) *dollar*, par abréviation de **buckskin**, *peau de daim*, utilisé comme unité d'échange, à l'époque de la Conquête de l'Ouest.
8. **privy** (n) :1.(ici) *latrines, cabinets.* 2. (jur.) *ayant droit.* ❒ (adj.) *dans le secret, instruit* ; **the Privy Council** (GB), *le Conseil privé.*
9. **lobby** : 1. (ici) *entrée, hall d'accueil, couloir.* 2. (US) *groupe de pression, lobby.*
10. **buzzer** : 1. ici (US. sl.) *badge* de policier ou de "privé". 2. cf. note 6, p. 35.

He smiled[1] the faintest smile I ever saw. 'Five dollars is nice money, sir, to a working man. It falls a little short[2] of being nice enough to make me risk my position. About from here to Chicago short, sir. I suggest that you save your five dollars, sir, and try the customary mode of entry.'

'You're quite a guy,' I said. 'What are you going to be when you grow up[3] - a five-foot shelf[4]?'

'I am already grown up, sir. I am thirty-four years old, married happily, and have two children. Good afternoon, sir.'

He turned on his heel. 'Well, good-bye,' I said. 'And pardon my whiskey[5] breath. I just got in from Butte[6].'

I went back up along the ramp and wandered[7] along the street to where I should have gone in the first place. I might have known that five bucks and a buzzer wouldn't buy me anything in a place like the El Milano.

The Negro was probably telephoning the office right now.

The building was a huge white stucco affair, Moorish in style, with great fretted[8] lanterns in the forecourt and huge date palms. The entrance was at the inside corner of an L, up marble steps, through an arch framed[9] in California or dishpan[10] mosaic.

A doorman opened the door for me and I went in. The lobby was not quite as big as the Yankee Stadium[11]. It was floored with a pale blue carpet with sponge rubber underneath. It was so soft it made me want to lie down and roll.

---

1. **faint** (adj.) : 1. (ici) *faible, vague, peu précis, peu accusé.* 2. *affaibli.* ❐ **faint** (n) : *défaillance, évanouissement.*❐ **to faint** : *s'évanouir.*

2. **to fall short** : *être au-dessous de qqch., ne pas arriver à la hauteur, ne pas atteindre*; **short**, ici, est un adverbe signifiant *en deçà.*

3. **when you grow up** : noter l'emploi du présent après la conjonction de temps **when**.

4. **shelf** : 1. *étagère.* 2. (ici) : *indic, informateur* (argot d'origine australienne où le **shelfer**, *prêt sur gage* (**pawnbroker**) était aussi, parfois, *informateur.*

Il eut le sourire le plus discret que j'aie jamais vu. "Cinq dollars, c'est une jolie somme pour un travailleur. Mais c'est bien loin de me rendre complaisant au point de risquer ma situation. A peu près aussi loin que d'ici à Chicago, monsieur. Je vous suggère d'économiser vos cinq dollars et de tenter le mode d'entrée habituel, monsieur."

"Vous êtes un sacré bonhomme", lui dis-je. "Qu'est-ce que vous comptez devenir quand vous serez grand - un indic miniature ?"

"Je suis déjà adulte, monsieur. J'ai trente-quatre ans, je suis marié et heureux avec deux enfants. Bon après-midi, monsieur."

Il tourna sur ses talons. "Eh bien, au revoir", dis-je. "Et pardonnez mon haleine au whisky. Je sors de chez Butte."

Je remontai la rampe et m'aventurai dans la rue où j'aurais dû me rendre en premier lieu. J'aurais pu me rendre compte que cinq dollars et un badge de détective ne me procureraient rien dans un endroit comme l'El Milano.

Le Noir était sans doute en train de téléphoner à la réception à l'heure qu'il était.

Le bâtiment était une énorme chose en stuc blanc, de style mauresque, avec des lanternes ornementées dans la cour d'entrée et d'immenses palmiers dattiers. L'entrée se trouvait dans l'angle intérieur d'un grand L, en haut de marches en marbre, sous une arche faite de mosaïque californienne ou de terre cuite.

Un portier m'ouvrit la porte et j'entrai. Le hall n'était pas tout à fait aussi grand que le Yankee Stadium. Il était recouvert d'un tapis bleu pâle reposant sur du caoutchouc mousse et si moelleux qu'il me donnait envie de m'y étendre et de m'y rouler.

---

5. **whiskey** : orthographe US (et irlandaise) de *whisky*.
6. **Butte** : nom d'un bar.
7. **to wander** : *errer, aller à l'aventure, se promener au hasard*.
8. **fretted** : 1. (ici) : p.passé de **to fret**, *orner*. 2. **to fret**, *ronger, se ronger, s'inquiéter, se faire du mauvais sang*.
9. **framed** : p.passé de **to frame**. 1.(ici) *former, disposer*. 2. *encadrer* (tableau). 3. *concevoir, imaginer*. 4. (US. sl.) **to frame s.o.** ,*monter une accusation contre qn*.
10. **dishpan** :m. à m. *plat* rond ou ovale (ou objet ressemblant à ce type de plat), d'où l'interprétation, ici, d'une mosaïque faite de morceaux de terre cuite provenant de plats.
11. **Yankee Stadium** : célèbre stade new-yorkais (The **Yankees**, nom d'une des grandes équipes de baseball new-yorkaises).

I waded[1] over to the desk and put an elbow on it and was stared[2] at by a pale thin clerk with one of those moustaches that get stuck under your fingernail. He toyed with it and looked past my shoulder at an Ali Baba oil jar big enough to keep a tiger in.

'Miss Huntress in ?'

'Who shall I announce ?'

'Mr Marty Estel.'

That didn't take any better than my play in the garage. He leaned on something with his left foot. A blue-and-gilt door opened at the end of the desk and a large sandy-haired man with cigar ash on his vest came out and leaned absently on the end of the desk and stared at the Ali Baba oil jar, as if trying to make up his mind whether it was a spittoon[3].

The clerk raised his voice. 'You are Mr Marty Estel ?'

'From him.'

'Isn't that a little different ? And what is your name, sir, if one may ask ?'

'One may ask,' I said. 'One may not be told. Such are my orders. Sorry to be stubborn and all that rot[4].'

He didn't like my manner. He didn't like anything about me. 'I'm afraid I can't announce you,' he said coldly. 'Mr Hawkins, might I have your advice on a matter ?'

The sandy-haired man took his eyes off the oil jar and slid along the desk until he was within[5] blackjack[6] range[7] of me.

'Yes, Mr Gregory ?' he yawned.

'Nuts to both of you,' I said. 'And that includes your lady friends.'

---

1. **to wade** : m.à m. *marcher dans l'eau, passer à gué*; **to wade through a book**, *venir péniblement à bout d'un livre.*
2. **to stare** : *regarder fixement, en ouvrant de grands yeux*. Le complément est introduit par la préposition **at** (rejetée après **stared** à cause de la voix passive : **the clerk stared at me**, voix active; **I was stared at**, voix passive.)
3. **spittoon** : *crachoir*, sur **to spit (spat, spat)**, *cracher*.

Je m'y frayai un chemin jusqu'au bureau d'accueil, où je posai mon coude. Je fus dévisagé par un employé mince et blême portant une de ces moustaches qu'on peut coincer sous l'ongle d'un doigt. Il la tripota tout en regardant par-dessus mon épaule une jarre digne d'Ali Baba, assez grosse pour abriter un tigre.

"Miss Huntress est-elle chez elle ?"

"Qui dois-je annoncer ?"

"M. Marty Estel."

Cela ne prit pas mieux que mon numéro au garage. Il appuya sur quelque chose avec son pied gauche. Une porte bleu doré s'ouvrit derrière lui à l'autre bout du bureau et un gaillard aux cheveux blond-roux, avec de la cendre de cigarette sur son gilet, sortit et s'adossa au bureau, et d'un air absent fixa la jarre Ali Baba comme s'il essayait de savoir si c'était oui ou non un crachoir.

"Vous êtes M. Marty Estel ?" dit l'employé en haussant le ton.

"Je viens de sa part."

"Ça change un peu les choses, n'est-ce pas ? Et si je peux me permettre, vous êtes monsieur ...?"

"On peut se le permettre", dis-je. "Mais on peut ne pas avoir de réponse. C'est ma règle. Désolé d'être têtu et tout ce qui s'ensuit."

Mes manières ne lui plurent pas. Rien en moi ne lui plut.

"Je crains de ne pouvoir vous annoncer", dit-il froidement. Monsieur Hawkins, puis-je avoir votre avis sur un problème ?"

Le rouquin blondasse détacha les yeux de la jarre et glissa le long du bureau jusqu'à ce que je fusse à portée de matraque.

"C'est à quel sujet, monsieur Gregory ?", brailla-t-il.

"Allez vous faire voir tous les deux", dis-je, "et ça comprend vos petites amies."

---

4. **rot** : 1. ici (fam.) *blagues, bêtises, bobards*. 2. *pourriture* ; **to rot** : 1. (fam;) *blaguer*. 2. plus fréquemment, *pourrir, se décomposer*.
5. **within** : *à l'intérieur de*; **within sight**, *à portée de vue* .; **within ten kilometres**, *dans un rayon de dix kilomètres*; **within two hours**, *avant deux heures, en moins de deux heures*.
6. **blackjack** (US) : 1. (ici) *matraque, gourdin,* comportant à une extrémité une masse de plomb ou de métal lourd enrobé de cuir et à l'autre une tige souple ou une lanière pour augmenter la force du coup. 2. jeu de cartes nommé aussi **twenty-one** (21).

Hawkins grinned. 'Come into my office, bo[1]. We'll kind of see if we can get you straightened out'.

I followed him into the doghole he had come out of. It was large enough for a pint-sized[2] desk, two chairs, a knee-high cuspidor[3], and an open box of cigars. He placed his rear end against the desk and grinned at me sociably.

'Didn't play it very smooth, did you, bo ? I'm the house man[4] here. Spill[5] it.'

'Some days I feel like playing it smooth,' I said, 'and some days I feel like playing it like a waffle-iron.' I got my wallet out and showed him the buzzer and the small photostat of my licence behind a celluloid window.

'One of the boys, huh ?' He nodded. 'You ought to of asked for[6] me in the first place.'

'Sure. Only I never heard of you. I want to see this Huntress frail[7]. She doesn't know me, but I have business with her, and it's not noisy business.'

He made a yard and a half sideways and cocked his cigar in the corner of his mouth. He looked at my right eyebrow. 'What's the gag[8] ? Why try to apple-polish[9] the dinge1[0] downstairs ? You gettin[11]' any expense money ?'

'Could be.'

'I'm nice people,' he said. 'But I gotta protect the guests.'

'You're almost out of cigars,' I said, looking at the ninety or so in the box. I lifted a couple, smelled them, tucked a folded ten-dollar bill below them and put them back.

'That's cute,' he said. 'You and me could get along. What you want done ?'

1. **bo** : 1. appellation utilisée pour s'adresser très familièrement à un étranger : *mec ! bonhomme !* 2. abréviation de **hobo**, *clochard, clodo* (syn. **bum**).
2. **pint-sized disk** : m. à .m. *bureau de la taille d'une pinte* (0,47 l).
3. **cuspidor** (US) : *crachoir*.
4. **house man** = **house detective**, *détective maison, détective de l'immeuble*.

Hawkins grimaça un sourire. "Venez dans mon bureau, mec. On va voir si on peut faire quelque chose pour vous."

Je le suivis dans la niche à clébard d'où il était sorti.

Il y avait juste la place pour un mini-bureau, deux chaises, un crachoir sur pied, et une boîte de cigares ouverte. Il cala son arrière-train sur le bureau et me lança avec un rictus plutôt aimable :

"Vous n'y êtes pas allé mollo, hein, mon gars ? C'est moi le détective maison. Accouchez."

" Il y a des fois où j'ai envie d'y aller mollo et d'autres où j'ai envie d'y aller avec un moule à gaufres."

Je sortis mon portefeuille, mon badge et lui montrai la photocopie de ma licence de détective privé derrière son rideau de celluloïd.

"Tu es de la partie, hein ?" Il hocha la tête . "T'aurais dû demander après moi en premier."

"C'est sûr. Mais je ne connaissais pas ton existence. Je veux voir cette fille Harriet. Elle ne me connaît pas mais j'ai une affaire pour elle, et une affaire à régler sans esclandre."

Il se déplaca de côté d'environ un mètre cinquante et fit passer son cigare de l'autre côté de sa bouche. Il fixa mon sourcil droit et dit : "Où est la combine ? Pourquoi essayer de passer de la pommade au bougnoule en bas ? T'as des notes de frais ?"

"Ça se pourrait."

"Je suis le bon mec", dit-il, "mais faut qu'je protège mes clients."

"T'es presque à court de cigares", dis-je en fixant les quatre-vingt-dix ou presque qui restaient dans la boîte.

J'en sortis une paire, les humai, glissai un billet de dix dollars en dessous et les remis en place.

"Ça, c'est mignon", dit-il. "Toi et moi on peut s'entendre. Qu'est-ce qu'on peut faire pour toi ?"

---

5. **to spill** : 1. *répandre*. 2. (ici) (US sl.) *dire, accoucher*. 3. *désarçonner*.
6. **you ought to of asked for** : incorrect, au lieu de **you ought to have asked for me.**
7. **frail** (US sl.) : = **young woman,** *fille, femme*.
8. **gag** (US sl.) : 1. ici *combine, truc, boniment*. 2. *blague, astuce*.
9. **to apple-polish** : (US sl.) *flatter, passer de la pommade*.
10. **dinge** (US. sl.) = **negro** (péjoratif) : *négro, bougnoule*.
11. **gettin'** : **getting.**

'Tell her I'm from Marty Estel. She'll see me.'

'It's the job if I get a kickback.'[1]

'You won't. I've got important people behind me.'

'How far behind ?'

I started to reach for[2] my ten, but he pushed my hand away. 'I'll take a chance,' he said. He reached for his phone and asked for Suite 814 and began to hum. His humming[3] sounded like a cow being sick. He leaned forward suddenly and his face became a honeyed smile. His voice crippled[4].

'Miss Huntress ? This is Hawkins, the house man. Hawkins. Yeah... Hawkins. Sure, you meet a lot of people, Miss Huntress. Say, there's a gentleman in my office wanting to see you with a message from Mr Estel. We can't let him up without you say so, because he don't want to give us no name[5]...Yeah, Hawkins, the house detective, Miss Huntress. Yeah, he says you don't know him personal[6], but he looks O.K. to me... O.K. Thanks a lot, Miss Huntress. Serve him right up.'

He put the phone down and patted[7] it gently.

'All you needed was some background[8] music,' I said.

'You can ride up,' he said dreamily. He reached absently into his cigar box and removed the folded bill[9]. 'A darb[10],' he said softly. 'Every time I think of that dame[11] I have to go out and walk around the block. Let's go.'

We went out to the lobby again and Hawkins took me to the elevator[12] and highsigned[13] me in.

---

1. **kickback** : *retour en arrière, contre-allumage.*
2. **to reach for** : m.à m. (*je commençais*) *à tendre la main* (*vers mon billet de dix*).
3. **humming** : *fredonnement*, sur **to hum** : 1. *bourdonner*. 2. *vrombir*. 3. (ici) *fredonner*.
4. **crippled** : **to cripple**, 1. (ici) *se traîner en boitant*. 2. *estropier, paralyser*.
5. **he don't want to give us no name** : incorrect pour **he doesn't want to give us any name.**
6. **personal** : pour **personally.**

"Dis-lui que c'est de la part de Marty Estel. Elle me recevra."

"Je perds mon boulot, s'il y a un retour de manivelle."

"Aucun risque. Il y a des gens importants derrière moi."

"Loin derrière ?"

Je commençai à sortir mon billet de dix dollars mais il repoussa ma main. "Je prends le risque", dit-il. Il se saisit du téléphone, demanda la suite 814 et se mit à émettre un chantonnement qui évoquait le bruit que ferait une vache malade. Soudain il s'inclina et son visage s'éclaira d'un sourire tout miel. Sa voix fit d'un ton rampant :

"Miss Huntress ? C'est Hawkins, le détective maison. Hawkins. Ouais... Hawkins. Bien sûr, vous voyez beaucoup de gens, Miss Huntress... Dites, il y a un monsieur dans mon bureau, qui veut vous voir avec un message de la part de M. Estel. On ne peut pas le laisser monter sans votre permission, parce qu'y veut pas donner son nom... Ouais, Hawkins, le détective maison. Ouais, il dit que vous le connaissez pas personnellement, mais il me paraît O.K... Bien. Merci beaucoup, Miss Harriet. Je vous l'envoie."

Il reposa le téléphone et le caressa doucement.

"Tout ce qu'il te fallait c'était un fond sonore", dis-je.

"Tu peux monter", dit-il d'un air rêveur. Il introduisit distraitement une main dans la boîte à cigares et retira le billet de banque plié. "Du premier choix", dit-il doucement. "Chaque fois que je pense à cette poule, il faut que je sorte faire le tour du bâtiment. Allons-y."

Nous nous dirigeâmes à nouveau vers le hall et Hawkins me conduisit vers l'ascenseur et me fit discrètement signe de monter.

---

7. **to pat** : *taper, tapoter, caresser, flatter* (de la main).
8. **background** : (ici) *fond, arrière-plan.* 2. *antécédent, formation.*
9. **bill** : 1. ici (US) *billet de banque.* 2. *addition, facture, note.* 3. *traite, lettre de change.* 4. *affiche.* 5. *bon* (Trésor).
10. **a darb** (US. sl.) : 1. (ici) *de première, de premier choix, super-chouette.* 2. *as, sujet brillant.*
11. **dame** (US. sl.) : *fille, gonzesse, nana, pépée, poule.*
12. **elevator** (US.sl.) : = **lift** (GB) *ascenseur.*
13. **to highsign** : *faire entrer d'un signe discret de la main..*

As the elevator doors closed I saw him on his way to the entrance, probably for his walk around the block.

The elevator had a carpeted floor and mirrors and indirect lighting. It rose as softly as the mercury in a thermometer. The doors whispered open[1], I wandered over the moss[2] they used for a hall carpet and came to a door marked *814*. I pushed a little button beside it, chimes[3] rang inside and the door opened.

She wore a street dress of pale green wool and a small cockeyed[4] hat that hung on her ear like a butterfly. Her eyes were wide-set and there was thinking room between them. Their colour was lapislazuli blue and the colour of her hair was dusky[5] red, like a fire under control but still dangerous. She was too tall to be cute[6]. She wore plenty of make-up[7] in the right places and the cigarette she was poking at[8] me had a built-on mouthpiece about three inches long. She didn't look hard, but she looked as if she had heard all the answers and remembered the ones she thought she might be able to use some time.

She looked me over coolly. 'Well, what's the message, brown-eyes ?'

'I'd have to come in', I said. 'I never could talk on my feet.'

She laughed disinterestedly and I slid past the end of her cigarette into a long rather narrow room with plenty of nice furniture, plenty of windows, plenty of drapes, plenty of everything. A fire blazed behind a screen, a big log on top of a gas teaser.

---

1. **whispered open** : l'adj. **open** se construit comme une postposition adverbiale et se traduit par un verbe, *s'ouvrirent*, tandis que le verbe, **whispered**, indiquant la manière dont s'effectue l'action vient ensuite, *dans un murmure* (ou *en murmurant*).
2. **moss** : 1. (ici) *mousse*. 2. *marais, marécage*.
3. **chimes** : *carillon, sonnerie* (le plus souvent au pluriel) ; **to chime** : 1. *carillonner*; **to chime the bells**, *sonner les cloches*. 2. (fam.) **to chime in**, *intervenir, placer son mot*.
4. **cockeyed** : *de travers, de guingois;* syn. **askew, awry**.

Alors que se refermaient les portes de l'ascenseur, je le vis se diriger vers la porte d'entrée, sans doute pour faire son tour du bâtiment.

Il y avait de la moquette dans l'ascenseur, des miroirs et un éclairage indirect. Il montait aussi doucement que le mercure dans un thermomètre. Les portes s'ouvrirent dans un murmure, je m'aventurai dans la mousse qui servait de tapis dans le couloir et arrivai à une porte portant le numéro 814. J'appuyai sur un petit bouton, un carillon retentit à l'intérieur et la porte s'ouvrit.

Elle portait un ensemble de laine vert pâle et un petit chapeau posé de guingois sur son oreille comme un papillon. Entre ses yeux écartés, d'un bleu lapis-lazuli, on voyait qu'il y avait de la place pour réfléchir. Ses cheveux étaient d'un rouge sombre comme celui d'un incendie maîtrisé mais encore dangereux. Elle était trop grande pour être du type gentillette. Son maquillage abondant était réparti où il fallait et la cigarette qu'elle pointait vers moi avait un embout mesurant près de huit centimètres. Elle n'avait pas l'air fermée, mais semblait avoir entendu toutes les réponses et avait bien en mémoire celles qu'elle estimait pouvoir utiliser le moment venu.

Elle me dévisagea froidement. "Alors, c'est à quel sujet, zyeux-bruns ?"

"Il faudrait que j'entre", dis-je. "Je n'ai jamais su parler debout."

Elle eut un rire dédaigneux et je me faufilai hors de portée du bout de sa cigarette, dans un salon plein de beaux meubles, plein de fenêtres, plein de tentures, plein de tout. Derrière une grille, un feu brillait, avec une énorme bûche au-dessus d'une rampe à gaz.

---

5. **dusky** : 1. (ici) *sombre, obscur*. 2. *brun foncé, noirâtre, noiraud* ; **dusk** : *crépuscule, obscurité* ; **at dusk** , *à la nuit tombante*.
6. **cute** : 1. ici (US) *gentil(le), mignon(ne)*. 2. *dégourdi, rusé, malin*.
7. **make up** : 1. (ici) *maquillage*. 2. *composition*. 3. *mise en page*. 4. *invention, histoire inventée*; **to make up for**, *rattraper* (**lost time,** *le temps perdu*), *suppléer, compenser*.
8. **to poke at** : *pointer vers, darder*; **to poke fun at** , *se moquer de qn.* ; **to poke** : 1. *pousser du bras* ; *piquer du bout* (d'un bâton). 2. *tisonner*.

There was a silk Oriental rug in front of a nice rose davenport[1] in front of the nice fire, and beside that there was Scotch[2] and swish[3] on a tabouret, ice in a bucket, everything to make a man feel at home.

'You'd better have[4] a drink,' she said. 'You probably can't talk without a glass in your hand.'

I sat down and reached for the Scotch. The girl sat in a deep chair and crossed her knees. I thought of Hawkins walking around the block. I could see a little something in his point of view.

'So you're from Marty Estel,' she said, refusing a drink.

'Never met him.'

'I had an idea to that effect. What's the racket[5], bum[6] ? Marty will love to hear how you used his name.'

'I'm shaking in my shoes. What made you let me up ?'

'Curiosity. I've been expecting lads[7] like you any day. I never dodge[8] trouble. Some kind of a dick[9], aren't you ?'

I lit a cigarette and nodded. 'Private. I have a little deal[10] to propose.'

'Propose it.' She yawned.

'How much will you take to lay off[11] young Jeeter ?'

She yawned again. 'You interest me - so little I could hardly tell you.'

'Don't scare me to death. Honest, how much are you asking ? Or is that an insult ?'

She smiled. She had a nice smile. She had lovely teeth. 'I'm a bad girl now,' she said. 'I don't have to ask. They bring it to me, tied up with ribbon.'

---

1. **davenport** : 1. ici (US) *canapé, divan*. 2. *petit bureau, secrétaire*.
2. **Scotch** : 1. (ici) *whisky écossais*. ❒ 2. (n.) *l'écossais* (la langue). ❒ 3. (adj.) *écossais(e)*.
3. **swish** : m.à m. *sifflement, bruissement* (eau); **to swish**, *faire siffler, froufrouter*, d'où l'adaptation choisie (*de l'eau qui fait pschit*).
4. **you'd better have** := **had better** (+ infinitif sans **to**), *vous feriez mieux de* ❒ **you had rather eat**, *vous préféreriez manger*.

Un tapis oriental soyeux s'étalait devant un joli canapé rose, devant le joli foyer et à côté, sur un tabouret, il y avait du scotch et de l'eau gazeuse, et dans un seau de la glace, tout pour qu'un homme se sente chez lui.

"Vous feriez bien de vous servir à boire", dit-elle. "Vous ne savez sans doute pas parler sans un verre à la main."

Elle s'assit dans un fauteuil profond et croisa les jambes. Je pensai à Hawkins faisant son tour du bâtiment.

Je commençai à entrevoir son point de vue.

"Alors, vous êtes de chez Marty Estel", dit-elle, en refusant un verre.

"Jamais rencontré."

"C'est bien ce que je pensais. C'est quoi, votre arnaque, tocard ? Marty va être ravi d'apprendre qu'on utilise son nom."

"J'en tremble dans mes petits souliers. Pourquoi m'avez-vous laissé monter ?"

"La curiosité. Je m'attendais à un type de votre genre un jour ou l'autre. Je n'esquive jamais les problèmes. Vous êtes une sorte de flic, n'est-ce pas ?"

J'allumai une cigarette et acquiesçais. "Privé. J'ai un petit marché à vous proposer."

"Proposez-le", dit-elle en bâillant.

"Combien voulez-vous pour laisser tomber le jeune Jeeter ?"

Elle bâilla à nouveau. "Vous m'intéressez si peu que j'ai du mal à vous l'exprimer."

"Ne me terrifiez pas. Honnêtement, combien demandez-vous ? Ou bien est-ce une insulte ?"

Elle sourit. Son sourire était joli et ses dents adorables.

"Je suis une mauvaise fille, maintenant", dit-elle. "Je n'ai pas à demander, on me l'apporte, avec un ruban autour."

---

5. **racket** : 1. (ici) *combine, arnaque, escroquerie, coup*. 2. "*boucan*", *tapage, vacarme*. 3. *raquette* (tennis, neige).
6. **bum** : 1. ici (US sl.) *bon à rien, mendiant, tocard* ; *canasson* (courses). 2. (GB fam.) : *arrière-train.*
7. **lad** : 1. ici (fam.) : *gaillard, type*. 2. *garçon, jeune homme.*
8. **to dodge** : *esquiver, éviter, éluder, se dérober.*
9. **dick** : 1.ici (US.sl.) *détective, flic* ; **house dick**, *flic d'hôtel*. 2. (GB) *type* ; syn. **chap, fellow**.3. **Dick**, abrégé de **Richard.**
10. **deal** : cf. p. 23.
11. **to lay off** : cf. p. 25.

'The old man's a little tough[1]. They say he draws a lot of water[2].'

'Water doesn't cost much.'

I nodded and drank some more of my drink. It was good Scotch. In fact it was perfect. 'His idea is you get nothing. You get smeared. You get put in the middle. I can't see it that way.'

'But you're working for him.'

'Sounds funny, doesn't it ? There's probably a smart way to play this, but I just can't think of it at the moment. How much would you take - or would you ?'

'How about fifty grand ?'

'Fifty grand for you and another fifty for Marty ?'

She laughed. 'Now, you ought to know Marty wouldn't like me to mix[3] in his business. I was just thinking of my end[4].'

She crossed her legs the other way. I put another lump of ice in my drink.

'I was thinking of five hundred,' I said.

'Five hundred what ?' She looked puzzled[5].

'Dollars - not Rolls-Royces.'

She laughed heartily[6]. 'You amuse me. I ought to tell you to go to hell, but I like brown eyes. Warm brown eyes with flecks[7] of gold in them.'

'You're throwing it away[8]. I don't have a nickel.'

She smiled and fitted a fresh[9] cigarette between her lips. I went over to light it for her. Her eyes came up and looked into mine. Hers had sparks in them.

'Maybe I have a nickel already,' she said softly.

---

1. **tough** : *coriace, dur, solide, difficile, rude.*
2. **he draws a lot of water** : m.à m. *il a un fort tirant d'eau.*
3. **to mix in** : 1. (ici) *se mêler, se mélanger, fréquenter.* 2. *mêler, mélanger, diluer, allonger* (liquide); **mix** : *mélanger, combinaison, gamme, composition.*
4. **end** : m.à.m. *je ne pensais qu'à mon côté;* **end** 1. (ici) *bout, extrémité.* 2. *borne, limite.* 3. *fin, issue, terme.*

"Le vieux est un peu coriace, on dit que c'est un gros poisson qui remue de l'eau."

"L'eau ne coûte pas cher."

J'acquiesçais et retrempai les lèvres dans mon verre. Il était bon. Parfait même. "A son idée, vous n'avez rien à tirer de lui. Sinon d'être traînée dans la boue. En plein dedans. Et ce n'est pas ma façon de voir les choses."

"Mais vous travaillez pour lui."

"Ça paraît drôle, hein, n'est-ce pas ? Il y a sans doute moyen de jouer ça finement mais pour le moment, je n'ai pas encore trouvé. Combien accepteriez-vous - si vous acceptiez ?"

"Cinquante bâtons ?"

"Cinquante mille pour vous et autant pour Marty ?"

Elle éclata de rire. "Vous, vous devriez savoir que Marty n'aimerait pas que je me mêle de ses affaires. Je ne pensais qu'à moi-même."

Elle croisa ses jambes de l'autre côté. Je rajoutai un glaçon dans mon whisky.

"Je pensais à cinq cents", dis-je.

"Cinq cents quoi ?". Elle parut intriguée.

"Dollars, pas des Rolls."

Elle rit de bon cœur. "Vous m'amusez. Je devrais vous dire d'aller au diable, mais j'aime les yeux bruns, chauds et avec des paillettes dorées."

"N'en jetez plus. Je n'ai pas un *nickel*."

Elle sourit et s'ajusta une nouvelle cigarette entre les lèvres. Je m'approchai pour la lui allumer. Ses yeux se relevèrent et se fixèrent sur les miens. Ils lancaient des étincelles.

"Vingt-cinq cents, dit-elle doucement, il se pourrait que je les aie déjà."

---

5. **puzzled** : p.passé de *embarrasser*, *déconcerter*, *intriguer*; **to puzzle out**, *déchiffrer* (écriture), *trouver la solution*.
6. **heartily** : 1. (ici), *de bon cœur*, *à belles dents*. 2. *cordialement*, *chaleureusement*, *sincèrement*.
7. **flecks** : 1. (ici) *petite tache*. 2.*particule*.; **to fleck** : *tacheter*.
8. **you're throwing it away** : m.à m. *vous gaspillez inutilement* ; **to throw away**, 1. (ici) *gaspiller*. 2. *jeter, rejeter*.
9. **fresh** : 1. (ici) *nouveau(elle)*; *récent*, **fresh from college**, *frais émoulu de l'université*. 2. *novice*. 3. *frais* (fruit), *vert* (légume); *pur* (air). 4.*fleuri* (teint), *alerte*. 5. (US) *effronté*.

'Maybe that's why he hired the fat boy - so you wouldn't make him dance[1].' I sat down again.

'Who hired what fat boy ?'

'Old Jeeter hired a fat boy named Arbogast. He was on the case before me. Didn't you know ? He got bumped off[2] this afternoon.'

I said it quite casually[3] for the shock effect, but she didn't move. The provocative smile didn't leave the corners of her lips. Her eyes didn't change. She made a dim[4] sound with her breath.

'Does it have to have something to do with me ?' she asked quietly.

'I don't know. I don't know who murdered him. It was done in his office, around noon or a little later. It may not have anything to do with the Jeeter case. But it happened pretty pat[5] - just after I had been put on the job and before I got a chance to talk to him.'

She nodded. 'I see. And you think Marty does things like that. And of course you told the police ?'

'Of course I did not.'

'You're giving away a little weight there, brother[6].'

'Yeah. But let's get together on a price and it had better be low. Because whatever the cops[7] do to me they'll do plenty to Marty Estel and you when they get the story - if they get it.'

'A little spot of blackmail,' the girl said coolly. 'I think I might call it that. Don't go too far with me, brown-eyes. By the way, do I know your name?'

---

1. **dance** : 1. ici (fam.) **(make him) dance** : *le faire danser*, dans le sens de *le tenir*, *le faire chanter*. 2. *danser* (polka).
2. **to bump off** : (US. sl.) *descendre, buter (tuer)* ; **to bump**, 1. *cogner, heurter*. 2. (US sl.) : *congédier, battre une équipe, évincer, engrosser, augmenter une mise, onduler des hanches.*
3. **casually** : *fortuitement, négligemment, en passant, comme par hasard, d'un air détaché* ; **casual**, *fortuit, accidentel, désinvolte, détaché.* ❒ En anglais moderne, signifie souvent *informel* : **casual dress**, *tenue sport* ; **formal dress** , *tenue de ville.*

"C'est peut-être pourquoi il a engagé le gros bonhomme. Pour que vous ne puissiez pas le faire chanter."

Je me rassis.

"Qui a engagé quel gros type ?"

"Le vieux Jeeter a engagé un gros type nommé Arbogast. Il était sur l'affaire avant moi. Vous n'êtes pas au courant ? Il s'est fait descendre cet après-midi."

Je dis cela négligemment pour faire choc, mais elle ne broncha pas. Le sourire provocant ne quitta pas le coin de ses lèvres. Ses yeux ne réagirent pas. Sa respiration se fit entendre faiblement.

"Ça a quelque chose à voir avec moi ?" demanda-t-elle doucement.

"Je ne sais pas. Je ne sais pas qui l'a assassiné. Ça s'est passé dans son bureau, vers midi ou un peu plus tard. Peut-être que ça n'a rien à voir avec l'affaire Jeeter. Mais c'est tombé juste à pic. Juste après qu'on m'a confié le boulot et avant que j'aie eu l'occasion de lui parler."

Elle hocha la tête. "Je vois. Et vous pensez que Marty fait des choses comme ça. Et bien sûr vous avez averti la police ?"

"Bien sûr que non."

"Là, vous lâchez du lest, mon vieux."

"Ouais. Mais mettons-nous d'accord sur un prix, et il y a intérêt à ce qu'il soit bas. Parce que, quoi que les flics me fassent, ils en feront un paquet, à Marty Estel et à vous, quand ils connaîtront l'histoire, s'ils y arrivent."

"Un petit coup de chantage", dit froidement la fille. "On peut appeler ça ainsi, je crois. N'allez pas trop loin avec moi, zyeux-bruns. A propos, est-ce que je connais votre nom ?"

---

4. **dim** : m.à m. *elle émit un faible son* ; **dim**, *faible,, indistinct, vague, effacé, pâle, terne, voilé*. Syn.. : **vague, indistinct, hazy**.
5. **pat** : 1. ici (adv.) : *à propos, juste à point, à pic*; **she answered pat**, *elle répondit du tac au tac;* (US) **to stand pat**, *refuser de bouger*. 2. (adj.) *à propos, tout prêt*; **pat answer**, *réponse toute prête*. 3. (n.) *petite tape, coup léger, caresse*. 4. (n.) *pas feutrés*.
6. **brother** : 1. (US fam.) *type, mec, bonhomme, gars* ; utilisé souvent pour s'adresser à un étranger (ou pour mendier). 2. *frère, les frères Warner*, **Warner Brothers** ou **Bros.** 3. **brethren**, *frères*, pluriel ancien, dans un contexte religieux.
7. **cop** : *policier, flic;* d'origine US (mais passé en GB) , formé sur **copper (button)**, les *boutons de cuivre* des uniformes que portaient les policiers.

'John Dalmas.'

Then listen, John. I was in the Social Register once. My family were nice people. Old man Jeeter ruined my father - all proper and legitimate, the way that kind of heel[1] ruins people - but he ruined him, and my father committed suicide[2], and my mother died and I've got a kid sister back East in school and perhaps I'm not too damn[3] particular how I get the money to take care of her. And maybe I'm going to take care of old Jeeter one of these days, too - even if I have to marry his son to do it.'

'Stepson[4], adopted son,' I said. 'No relation at all.'

'It'll hurt him just as hard, brother. And the boy will have plenty of the long green[5] in a couple of years. I could do worse - even if he does drink too much.'

'You wouldn't say that in front of him, lady.'

'No ? Take a look behind you, gumshoe[6]. You ought to have the wax[7] taken out of your ears.'

I stood up and turned fast. He stood about four feet from me. He had come out of some door and sneaked across the carpet and I had been too busy being clever with nothing on the ball to hear him. He was big, blond, dressed in a rough[8] sporty suit, with a scarf and open-neck shirt. He was red-faced and his eyes glittered and they were not focusing any too well. He was a bit drunk for that early in the day.

'Beat it while you can still walk,' he sneered at me. 'I heard it. Harry can say anything she likes about me. I like it. Dangle[9], before I knock your teeth down your throat !'

---

1. **heel** : 1. ici (US sl.) *canaille, fumier, individu méprisable, salaud, mouchard.* 2. (US sl.) **getaway**, *fuite, évasion.* 3. *talon.*
2. **to commit suicide** : *se suicider*; **to commit**, 1. *commettre.* 2. *engager* (sa parole), *s'engager.* 3. *confier, livrer, remettre.*
3. **damn** : ici (adv.) contraction de l'adverbe **damned** (= **extremely, quite, very**) *rudement, très, sacrément, diablement*, sert à renforcer l'adjectif qui suit.
4. **stepson** : *beau-fils* (né d'un autre lit).

"John Dalmas."

"Alors, écoutez-moi, John, j'étais dans le Bottin mondain autrefois. Mes parents étaient des gens bien. Le vieux Jeeter a ruiné mon père - bien proprement et légalement, comme ce genre de fumier sait faire - mais il l'a ruiné, et mon père s'est suicidé et ma mère est morte, et j'ai une petite sœur en pension dans une école dans l'Est et il est possible que je ne sois pas trop difficile sur la façon dont j'obtiens l'argent pour m'occuper d'elle. Et peut-être bien que je vais m'occuper du vieux Jeeter un de ces jours, même si je dois épouser son fils pour y arriver."

"Beau-fils, fils adoptif", dis-je. "Aucun lien de parenté."

"Ça lui fera juste aussi mal, petit frère. Et le môme, d'ici deux ans, touchera un bon paquet de billets verts. Je pourrais trouver pire, même s'il boit un peu trop."

"Vous ne lui diriez pas ça en face, ma jolie."

"Non ? Jetez un coup d'œil derrière vous, pied-plat. Vous devriez vous faire déboucher les oreilles."

Je me levai et me retournai vite fait. Il était entré par une porte quelque part et s'était approché sans bruit sur le tapis et j'étais trop occupé à jouer au plus fin sans être dans le coup, pour l'entendre arriver. Il était grand, blond, vêtu d'un costume de sport en tweed avec un foulard dans une chemise à col ouvert. Il avait la face rouge et ses yeux brillaient. Il était un peu trop parti à cette heure de la journée.

"Tire-toi pendant que tu peux encore marcher", ricana-t-il. "J'ai entendu. Harry peut dire tout ce qu'elle veut sur moi. J'aime ça. Casse-toi, avant que je te fasse avaler tes dents !"

---

5. **long green** (US. sl.) : *billet de banque, dollars;* syn. **greens, greenback** (allusion à la couleur verte des billets américains).
6. **gumshoe** : (US sl.) m.à m. *flic* (portant des semelles de *caoutchouc*, **gum.**); **to gumshoe**, *battre la semelle, marcher à pas furtifs.*
7. **wax** : m.à m. (ici) *cire* (*sortie de vos oreilles*).
8. **rough** : m.à m. (ici) *bourru*, d'où *en tweed.*
9. **to dangle** : (US.sl.) = **to beat it**, *se tirer, se barrer.*

The girl laughed behind me. I didn't like that. I took a step towards the big blond boy. His eyes blinked[1]. Big as he was, he was a pushover[2].

'Ruin him, baby,[3] the girl said coldly behind my back. 'I love to see these hard numbers bend at the knees.'

I looked back at her with a leer[4]. That was a mistake. He was wild[5], probably, but he could still hit a wall that didn't jump. He hit[6] me while I was looking back over my shoulder. It hurts to be hit that way. He hit me plenty hard, on the back end of the jaw-bone.

I went over sideways, tried to spread my legs, and slid on the silk rug. I did a nose dive[7] somewhere or other and my head was not as hard as the piece of furniture it smashed into.

For a brief blurred[8] moment I saw his red face sneering down at me in triumph. I think I was a little sorry for him - even then.

Darkness folded down and I went out[9].

4

When I came to, the light from the windows across the room was hitting me square[10] in the eyes. The back of my head ached[11]. I felt it and it was sticky[12]. I moved around slowly, like a cat in a strange house, got up on my knees and reached for the bottle of Scotch on the tabouret at the end of the davenport. By some miracle I hadn't knocked it over.

---

1. **to blink** : 1. *cligner des yeux, battre des paupières, ciller*. 2. (lumière) *clignoter*.
2. **pushover** (US. sl.) : 1.(ici) *personne facile à battre, facile à convaincre, crédule, facile à séduire*. 2. *travail facile à faire*. Syn. **cinch**, cf. note p. 19.
3. **baby** : 1. adresse familière à un homme ou une femme, *bébé, mon chou, chéri..* 2. (US **babe**) **girlfriend**, *petite amie*. 3. *mec, dur, type*. 4. *création, affaire*.
4. **leer** : 1. (ici) *regard narquois*. 2. *regard en dessous, paillard*. 3. *regard mauvais*.

La fille se mit à rire derrière moi. Je n'aimais pas ça.

Je fis un pas vers le grand blondinet. Ses yeux clignotaient Malgré sa taille c'était du facile.

"Démolis-le, mon chou", dit froidement la fille derrière moi "J'adore voir ces gros durs plier les genoux."

Je me retournai vers elle avec un air narquois. C'était une erreur. Il ne se contrôlait pas, sans doute, mais il était encore capable de cogner sur un mur qui n'esquiverait pas. Il m'atteignit alors que je regardais par-dessus mon épaule. Ça fait mal ce genre de coups. Il me frappa durement, à l'arrière de la mâchoire.

Je partis de côté, essayant de me rattraper sur mes jambes, mais je glissai sur le tapis soyeux. Je plongeai tête en avant, et celle-ci ne fut pas aussi dure que l'angle du meuble sur lequel elle s'écrasa.

Pendant une brève seconde de brouillard, je vis son visage rougeaud, ricanant de triomphe. Même alors, je crois que j'éprouvai un peu de peine pour lui.

Puis tout devint sombre. Je tombai dans le cirage.

4

Quand je revins à moi, la lumière qui passait par les fenêtres de la pièce m'arrivait droit dans les yeux. Ma nuque me faisait mal. Je la tâtai ; c'était poisseux. Je me remuai lentement, comme un chat dans une maison inconnue, me mis sur les genoux et attrapai la bouteille de scotch sur le tabouret près du canapé. Par miracle, je ne l'avais pas renversée.

---

5. **wild** : 1. (ici) *furieux, fou de rage*. 2. *insensé, extravagant, absurde*; **wild dreams**, *rêves insensés*, **wild rumor**, *bruit absurde*.
6. **to hit** : 1. (ici) *frapper*, **to hit against sth**, *s'attaquer à qch* . 2. **to hit on sth**, *découvrir, trouver, qch.* ; **hit** (n.) 1. *coup*. 2. *succès, coup réussi*, ; *film, pièce, musique* (à succès).
7. **a nose dive** : m.à m. *descente en piqué*, **to nose dive**, *piquer du nez*.
8. **to blurr** : *rendre indistinct, flou, confus* ; *brouiller*.
9. **I went out** : m.à m. *je quittais les lieux, je sortais*.
10. **square** : (US) adv. + **into**, *carrément, directement, franchement*
11. **ached** : prétérit de **to ache**, *faire mal*.
12. **sticky** : 1. (ici) *poisseux, collant, visqueux*. 2. *difficile, désagréable*.

Falling I had hit my head on the clawlike[1] leg of a chair.That had hurt me a lot more than young Jeeter's haymaker[2]. I could feel the sore[3] place on my jaw all right, but it wasn't important enough to write in my diary[4].

I got up on my feet, took a swig[5] of the Scotch and looked around. There wasn't anything to see. The room was empty. It was full of silence and the memory[6] of a nice perfume. One of those perfumes you don't notice until they are almost gone, like the last leaf on a tree. I felt my head again, touched the sticky place with my handkerchief, decided it wasn't worth yelling[7] about, and took another drink.

I sat down with the bottle on my knees, listening to traffic noises somewhere, far off. It was a nice room. Miss Harriet Huntress was a nice girl. She knew a few wrong numbers[8], but who didn't ? I should criticize a little thing like that. I took another drink. The level in the bottle was a lot lower now. It was smooth and you hardly noticed it going down. It didn't take half your tonsils with it, like some of the stuff[9] I had to drink. I took some more. My head felt all right now. I felt fine. I felt like singing the *Prologue to Pagliacci*. Yes, she was a nice girl. If she was paying her own rent, she was doing right well. I was for her. She was swell. I used some more of her Scotch.

The bottle was still half full. I shook it gently, stuffed it in my overcoat pocket, put on my hat somewhere on my head and left. I made the elevator without hitting the walls on either side of the corridor, floated downstairs, strolled out into the lobby.

---

1. **clawlike** : m.à m. *pareil à une griffe* ; **claw**, 1. *griffe, serre, pince*. 2. *coup de griffe*.
2. **haymaker** : 1. ici (US. sl.) *coup de poing qui met K.O*. (boxe), de l'expression **to hit the hay**, *aller dormir*. 2. *coup* asséné avec tout type d'arme. 3. *événement marquant*. 4. *clou d'un numéro d'artiste*. 5. et, au départ, *fenaison*, sur **hay**, *foin*.
3. **sore** : 1. *douloureux, endolori* ; **sore throat**, *mal de gorge*. 2. *chagriné*. 3. (US fam.) *fâché, irrité*.; syn. **angry**, **irritated**.

En tombant, je m'étais cogné le bas du crâne contre un pied de chaise en forme de patte d'animal et ça m'avait fait bien plus mal que le coup de battoir du jeune Jeeter. Je pouvais encore sentir une douleur dans la mâchoire, mais pas au point d'en parler dans mon journal intime.

Je me mis debout, pris une lampée de scotch et regardai autour de moi. Il n'y avait rien à voir. La pièce était vide. Pleine de silence et du souvenir d'un parfum de qualité. Un des ces parfums qu'on ne remarque qu'au moment où il vient à disparaître, comme la dernière feuille d'un arbre. Je palpai à nouveau ma tête, touchai l'endroit poisseux avec mon mouchoir et décidai que cela ne méritait pas d'en gémir et avalai un autre verre.

Je m'assis, la bouteille sur les genoux, écoutant le bruit de la circulation, quelque part au loin. C'était une pièce agréable. Miss Harriet Huntress était une fille agréable. Elle avait quelques mauvaises fréquentations, mais qui n'en a pas ? C'était un petit détail que je pouvais critiquer. Je bus encore un verre. Le niveau de la bouteille baissait pour de bon. C'était un whisky moelleux qu'on sentait à peine couler dans la gorge et qui ne vous arrachait pas la moitié des amygdales, comme certaines des bibines qu'il me fallait avaler. J'en repris. Ma tête était d'aplomb maintenant. Je me sentais bien et j'avais envie de chanter l'*Ouverture de Paillasse*. Oui, c'était une gentille fille. Si elle payait elle-même son loyer, elle se débrouillait bien. J'étais de son côté. Elle était chouette. Je repris de son whisky.

La bouteille était encore à moitié pleine. Je la secouai doucement, la fourrai dans la poche de mon manteau, posai mon chapeau quelque part sur ma tête et sortis. J'atteignis l'ascenseur sans me heurter aux murs de part et d'autre du corridor, flottai jusqu'au rez-de-chaussée, et émergeai dans le vestibule.

---

4. **diary** : 1. (ici) *journal intime*. 2. *agenda*.
5. **swig** : 1. ici (fam.) *lampée, bon coup;* **to swig** : *boire à grands traits, pinter*. 2. *palan* (bateau).
6. **memory :** 1. (ici) *souvenir*. 2. *mémoire*.
7. **worth yelling** : ❒ rappel, **to be worth** suivi verbe + **-ing**, cf. p. 22; **to yell**, *pousser des cris* ; *crier à tue-tête, hurler, beugler*.
8. **wrong numbers :** 1. ici (US. sl.) *personnes malhonnêtes* ; 2. *personnes dangereuses*. ❒ 3. *erreur ;* (au téléphone) *faux numéro*.

Hawkins, the house dick, was leaning on the end of the desk again, staring at the Ali Baba oil jar. The same clerk was nuzzling[1] at the same itsy-bitsy[2] moustache. I smiled at him. He smiled back. Hawkins smiled at me. I smiled back. Everybody was swell.

I made[3] the front door the first time and gave the doorman two bits[4] and floated down the steps and along the walk to the street and my car. The swift[5] California twilight was falling. It was a lovely night. Venus in the west was as bright as a street lamp, as bright as life, as bright as Miss Huntress's eyes, as bright as a bottle of Scotch. That reminded me. I got the square bottle out and tapped[6] it with discretion, corked[7] it, and tucked it away again. There was still enough to get home on.

I crashed five red lights on the way back but my luck was in and nobody pinched me. I parked more or less in front of my apartment house and more or less near the kerb. I rode up to my floor in the elevator, had a little trouble opening the doors and helped myself out with my bottle. I got the key into my door and unlocked it and stepped inside and found the light switch. I took a little more of my medicine before exhausting myself any further. Then I started for the kitchen to get some ice and ginger ale[8] for a real drink.

I thought there was a funny smell in the apartment - nothing I could put a name to offhand[9] - a sort of medicinal smell. I hadn't put it there and it hadn't been there when I went out. But I felt too well to argue about it. I started for the kitchen, got about half-way there.

---

1. **nuzzling** : 1. (ici) *caresser*. 2. *se blottir*. 3. *fouiller avec le museau*.
2. **itsy-bitsy** : = **itty-bitty** (US) *minuscule*; syn. **tiny**.
3. **I made the front door** : *j'arrivai à la porte*. ❒ emploi US (fam.) **to reach, to arrive at, to go to** ; cf. l'emploi (GB) avec les bateaux, **we made Dover at 4 p.m.**, *nous avons atteint Douvres à 16 heures*.
4. **two bits** : (US sl.) *une pièce de 25 cents* (**a quarter**); **a bit** = *12,5 cents*.

Hawkins, le détective maison, était à nouveau penché à l'extrémité du bureau, fixant la jarre à huile d'Ali Baba. Le même employé tripotait sa minuscule moustache. Je lui souris. Il me rendit mon sourire. Hawkins me sourit. Je lui rendis son sourire. Tout le monde était chouette.

J'arrivai à la porte d'entrée du premier coup et donnai une pièce au portier et, d'un pas flottant, descendis les marches et parcourus le chemin jusqu'à ma voiture. Le crépuscule californien tombait rapidement. C'était une soirée délicieuse. A l'ouest, Vénus brillait comme un lampadaire, brillait comme la vie, comme les yeux de Miss Huntress, comme une bouteille de whisky. Ça me rappela quelque chose. Je sortis le flacon carré, me branchai dessus discrètement, le rebouchai et le remis en place. Il en restait assez pour aller jusque chez moi.

Je grillai cinq feux rouges sur le chemin de retour, mais j'étais en veine et ne me fis pas coincer. Je me garai plus ou moins en face de chez moi et plus ou moins près du rebord du trottoir. Je montai à mon étage par l'ascenseur, eus un peu de mal à en ouvrir les portes et m'aidai de ma bouteille pour sortir. J'introduisis la clé dans ma porte, l'ouvris, pénétrai à l'intérieur et trouvai l'interrupteur. Je pris un peu de mon remontant avant de reprendre mes efforts. Puis je me dirigeai vers la cuisine pour y récupérer un peu de glace et de ginger ale afin de me préparer un mélange convenable.

Je reniflai une odeur bizarre dans l'appartement - rien que je puisse identifier au premier abord - quelque chose de vaguement médicamenteux. Ce n'est pas moi qui l'avais introduite et elle n'y était pas lorsque j'étais sorti. Mais je flottais trop bien sur mon nuage pour débattre de la question. Je me mis en route vers la cuisine et parvins à peu près à mi-chemin.

---

5. **swift** : 1. (ici) adj. *rapide* ; m.à m. *le crépuscule rapide de Californie tombant.* 2. (adv.) *rapidement.*
6. **tapped** : prétérit de **to tap,** 1. (ici) *ponctionner, mettre en perce* (un fût) ❒ d'où l'idée de dérivation, **to tap a telephone**, *capter, dériver un téléphone*, donc *mettre sur écoutes.* 2. *frapper légèrement.*
7. **corked** : prétérit de **to cork,** *boucher*; **a cork,** *un bouchon.* ❒ **corked** : *bouchonné* (vin).
8. **ginger ale** : *boisson gazeuse au gingembre.*
9. **offhand** : 1. (ici) *de façon impromptue* ; *sans préparation.* 2. *d'un air dégagé* ; *sans façon* . 3. *désinvolte.*

They came out at me, almost side by side, from the dressing-room beside the wall bed[1] - two of them - with guns. The tall one was grinning. He had his hat low on his forehead and he had a wedge-shaped face that ended in a point, like the bottom half of the ace of diamonds[2]. He had dark moist eyes and a nose so bloodless that it might have been made of white wax[3]. His gun was a Colt[4] Woodsman with a long barrel and the front sight[5] filed off[6]. That meant he thought he was good.

The other was a little terrier-like punk[7] with bristly reddish hair and no hat and watery blank[8] eyes and bat[9] ears and small feet in dirty white sneakers[10]. He had an automatic that looked too heavy for him to hold up, but he seemed to like holding it. He breathed open-mouthed and noisily and the smell I had noticed came from him in waves - menthol.

'Reach, you - ,' he said.

I put my hands up. There was nothing else to do.

The little one circled around to the side and came at me from the side. 'Tell us we can't get away with it,' he sneered.

'You can't get away with it,' I said.

The tall one kept on grinning loosely and his nose kept on looking as if it was made of white wax. The little one spat on my carpet. 'Yah !' He came close to me, leering, and made a pass[11] at my chin with the big gun.

I dodged. Ordinarily that would have been just something which, in the circumstances, I had to take and like.

---

1. **wall bed** (US) : **recess bed** , lit pouvant être plié et rangé verticalement dans une niche ; **recess** : *alcôve, recoin, encastrement, renfoncement.*

2. **ace of diamonds** : 1. (cartes)❒ **diamonds,** *carreau* ; **spades,** *pique* ; **hearts,** *cœur* ; **clubs,** *trèfle*. 2. **diamond** : *diamant* . 3. (US) *terrain de baseball.*

3. **wax** : 1. (ici) *cire*, **to wax,** *cirer*. 2. (fam.) *colère*. 3. **to wax,** *croître* (lune) (**to wane,** *décroître*). 4. (US. sl.) *blesser, tuer* ; *battre* (sport).

Ils vinrent sur moi, presque côte à côte, sortant du cabinet de toilette près du lit pliant en alcôve, portant tous les deux des flingues. Le grand montrait ses dents. Il portait un chapeau rabattu sur le front et son visage en coin se terminait par un menton semblable à la moitié pointue d'un as de carreau. Ses yeux étaient sombres et humides et son nez si pâle qu'on aurait pu le croire fait de cire. Son arme était un Colt Woodsman à canon long avec le point de mire limé, ce qui signifiait qu'il s'estimait bon tireur.

L'autre était une petite frappe, genre fox-terrier, un rouquin aux cheveux raides, sans chapeau, avec des yeux mouillés et vides, des oreilles de chauve-souris et des petits pieds chaussés de tennis crasseux. Il tendit un automatique qui paraissait trop lourd pour lui, mais qu'il semblait aimer avoir en main. Il respirait bruyamment, la bouche ouverte, et l'odeur que j'avais remarquée - du menthol - s'exhalait de lui, par vagues.

"Haut les mains", dit-il.

Je levai les mains en l'air. Il n'y avait rien d'autre à faire. Le petit me contourna et arriva sur moi par le côté.

"Dis-nous qu'on ne va pas s'en tirer", ricana-t-il.

"Vous ne vous en tirerez pas", dis-je.

Le grand continua à grimacer vaguement et son nez avait toujours l'air d'être en cire. Le petit cracha sur mon tapis. "Yah ! " Il s'approcha de moi, l'air mauvais, et porta un coup vers mon menton avec son gros flingue.

J'esquivai. En temps normal, ça n'aurait été qu'une situation que, vu les circonstances, il fallait subir et encaisser.

---

4. **Colt** : revolver breveté en 1836, par son inventeur **Samuel Colt** (1814-1862).
5. **front sight** : *guidon de mire, point de mire.*
6. **filed off** : *enlevé à la lime.* 1. (ici) p.p de **to file**, *limer*, **a file**, *une lime.* 2. **to file**, *classer*, *ranger*, **a file**, *un dossier.* 3. *marcher à la file* ; *faire défiler* ; **file** , *file* ; **in file** , *en file indienne.*
7. **punk** : 1. (ici) *frappe*, *voyou*, *minable.* 2. *novice*, *débutant*, "*bleu*" ; *jeune vagabond.* 3. *jeune animal.* 4. (adj.) *moche*, *tocard.* 5. *punk.*
8. **blank** : 1. (ici) *vide*, *sans expression.* 2. *blanc* (papier).
9. **bat** : 1. (ici) *chauve-souris.* 2. *batte* (base-ball, cricket) ; *battoir.*
10. **sneakers** : (US) *chaussures à semelle en caoutchouc*, *tennis* ; *espadrilles.*
11. **to make a pass** : 1. (ici) m. à m. *porter une botte.* 2. (fam.) *faire des avances.*

But I was feeling better than ordinary. I was a world-beater[1]. I took them in sets[2], guns and all. I took the little man around the throat and jerked[3] him hard against my stomach and put a hand over his little gun-hand and knocked the gun to the floor. It was easy. Nothing was bad about it but his breath. Blobs[4] of saliva came out on his lips. He spat curses[5].

The tall man stood and leered and didn't shoot. He didn't move. His eyes looked a little anxious, I thought, but I was too busy to make sure. I went down behind the little punk, still holding him, and got hold of his gun. That was wrong. I ought to have pulled my own.

I threw him away from me and he reeled against a chair and fell down and began to kick the chair savagely. The tall man laughed.

'It ain't[6] got any firing pin in it,' he said.

'Listen,' I told him earnestly[7], 'I'm half full of good Scotch and ready to go places and get things done. Don't waste much of my time. What do you boys want ?'

'It still ain't got any firing pin in it,' Waxnose said. 'Try and see. I don't never let[8] Frisky carry a loaded rod[9]. He's too impulsive. You got a nice arm action there, pal[10]. I will say that for you.'

Frisky sat up on the floor and spat on the carpet again and laughed. I pointed the muzzle of the big automatic at the floor and squeezed the trigger. It clicked dryly, but from the balance[11] it felt as if it had cartridges in it.

'We don't mean no harm,' Waxnose said. 'Not this trip.'

---

1. **world-beater** : (US sl.) *champion.*
2. **set** : 1. (ici) *ensemble, collection, jeu, série.* 2. *milieu, groupe.* 3. *disposition, attitude.*
3. **jerked** : prétérit de **to jerk**, 1. (ici) *secouer, donner une secousse.* 2. *se mouvoir par saccades* ; **jerk** 1. *mouvement soudain et brusque*, 2. *saccade, secousse* .3. *idiot, imbécile.*

Mais je me sentais mieux qu'en temps normal. Je pouvais affronter le monde. Je les pris en série, flingues et le reste. Je saisis le petit à la gorge et le secouai en le pressant fortement contre mon ventre, j'attrapai la main qui tenait le revolver et le fis tomber par terre. C'était facile. Il n'y avait rien de mauvais dans tout ça, à part son haleine. De la bave lui sortait des lèvres. Il cracha des injures.

Le grand se tenait debout, le regard en dessous, et ne tirait pas. Il ne bougeait pas. Je crus apercevoir de l'inquiétude dans ses yeux, mais j'étais trop occupé pour m'en assurer. Je passai derrière la petite frappe, sans lâcher ma prise, et attrapai son arme. C'était une erreur. J'aurai dû dégainer la mienne.

Je le repoussai loin de moi, et il chancela contre une chaise, tomba et se mit à lui donner des coups de pied avec rage. Le grand se mit à rire.

"Y a pas de percuteur dedans", dit-il.

"Ecoutez", dis-je d'un ton convaincu. "Je suis à moitié plein d'un scotch de première et je suis prêt à déplacer des montagnes et à faire bouger les choses. Ne me faites pas perdre mon temps. Qu'est-ce que vous voulez, les gars ?"

"Y'a pas de percuteur dedans", répéta Waxnose. "Essaie et tu verras. Je ne laisse jamais Frisky se balader avec un feu chargé. Il est trop impulsif. T'as un chouette mouvement de bras, mon pote. Y a pas à dire."

Frisky s'assit sur le sol, cracha à nouveau sur le tapis et se mit à rire. Je dirigeai la gueule du gros automatique vers le plancher et pressai la gâchette. Il y eut un cliquetis sec, mais à l'équilibre de l'arme on avait l'impression qu'elle était chargée.

"On te veux pas de mal", dit Waxnose. "Pas cette fois."

---

4. **blob** : 1. (ici) (GB) syn. **bubble**, *bulle*. 2. *tache, goutte, pâté* (encre). 3. (syn.) **daub**, *croûte* (tableau). 4. *qqch. d'amorphe*. 5. *personne amorphe et paresseuse*. 6. *fausse note*.
5. **curses** : 1. (ici) *juron, imprécation, anathème, malédiction*.
6. **it ain't** : (US) contraction en américain familier de **isn't**.
7. **earnestly** : 1. (ici) *sérieusement, d'un ton convaincu, sérieux*. 2. *de bon cœur, avec ardeur, sincèrement*.
8. **I don't never let** : double négation incorrecte, pour **I never let**.
9. **rod** : 1. (US. sl.) *flingue, feu*. 2. *baguette, tringle* ; **fishing-rod**, *canne à pêche* (cf. p. 115).
10. **to pal** : *copain, pote* ; syn. **chum** (GB), **buddy, bud** (US).
11. **balance** : 1. (ici) *équilibre, aplomb*. 2. *solde, reste*.

Maybe next trip. Who knows ? Maybe you're a guy that will take a hint[1]. Lay off the Jeeter kid is the word. See?'

'No.'

'You won't do it ?'

'No, I don't see. Who's the Jeeter kid ?'

Waxnose was not amused. He waved his long .22 gently. 'You oughta get your memory fixed[2], pal, about the same time you get your door fixed. A pushover that was. Frisky just blew it in with his breath.'

'I can understand that,' I said.

'Gimme[3] my gat[4],' Frisky yelped[5]. He was up off the floor again, but this time he rushed his partner instead of me.

'Lay off, dummy[6],' the tall one said. 'We just got a message for a guy. We don't blast[7] him. Not to-day.'

'Says you !' Frisky snarled and tried to grab the .22 out of Waxnose's[8] hand. Waxnose threw him to one side without trouble but the interlude allowed me to switch the big automatic to my left hand and jerk out my Lüger. I showed it to Waxnose. He nodded, but did not seem impressed.

'He ain't got no parents,' he said sadly. 'I just let him run around with me. Don't pay him no attention unless he bites you. We'll be on our way now. You get the idea. Lay off the Jeeter kid.'

'You're looking at a Lüger,' I said. 'Who is the Jeeter kid ? And maybe we'll have some cops before you leave.'

He smiled wearily. 'Mister, I pack this small-bore[9] because I can shoot. If you think you can take me, go to it.'

---

1. **hint** : *allusion indirecte, insinuation* ; *indication, suggestion* ; *tuyau, conseil* ; **no hint of,** *pas trace de* ; **to give s.o. a hint,** *mettre qn sur la voie* ; **to hint** : *insinuer, suggérer, laisser entendre, faire allusion.*
2. **fixed** : cf. p. 36, n° 1.
3. **gimme** : (fam.) pour **give me.**
4. **gat** : (US sl.) *flingue, pétard, feu, pétoire,* argot obsolète du début du siècle (formé, sans doute, sur le nom de **Richard J. Gatling,** inventeur d'une mitraillette à barillet.)

"La prochaine fois, peut-être. Qui sait ? Tu es peut-être un gars qui comprend à demi-mot. Le message, c'est : laisse tomber le môme Jeeter. Vu ?"

"Non."

"Tu ne marches pas ?"

"Non, je ne vois pas. C'est qui le môme Jeeter ? "

Ça ne fit pas rire Waxnose. Il remua doucement son long calibre 22.

"Tu devrais te faire arranger la mémoire, mon pote, en même temps que tu le feras pour ta porte. Ça a été du gâteau. Frisky n'a eu qu'à souffler dessus."

"Ça, je peux comprendre", dis-je.

"File-moi ma pétoire", aboya Frisky. Il était de nouveau debout, mais cette fois il se précipita sur son partenaire au lieu de se jeter sur moi.

"Dégage, abruti !" dit le grand. "On a seulement un message pour ce type ; on ne le descend pas. Pas aujourd'hui."

"Que tu dis !" grogna Frisky qui essaya d'arracher le 22 des mains de Waxnose. Ce dernier l'envoya balader sans effort, mais cet intermède me permit de passer le gros automatique dans ma main gauche et de dégainer mon Lüger de la droite. Je le montrai à Waxnose. Il hocha la tête, mais ne parut pas impressionné.

"Il a pas de parents", dit-il tristement. "Je le laisse courir à mes côtés. Ne fais pas attention à lui, sauf s'il te mord. On va filer maintenant. T'as vu le tableau. Touche pas au môme Jeeter."

"Tu es en train de regarder un Lüger", dis-je. "C'est qui le môme Jeeter ? Et on va peut-être avoir des flics avant que vous vous tiriez."

Il sourit d'un air las. "Mec, je trimballe ce petit calibre parce que je sais m'en servir. Si tu crois que tu peux m'avoir, vas - y."

---

5. **yelped** : prétérit de **to yelp**, *glapir, japper*.
6. **dummy** : 1. ici (US sl.) *abruti, idiot, personne stupide*. 2. *mannequin*. 3. (cartes) **to play dummy**, *faire le mort*. 4. *prête-nom*. 5. *sourd-muet*.
7. **to blast** : 1. ici (sl.) *tuer, descendre*. 2. *faire sauter* ; *détruire, anéantir*. 3. *maudire*.
8. **Waxnose** : m. à m. *nez de cire*, ici, surnom donné au malfrat par le narrateur.
8. **small-bore** : *petit calibre* ; **bore**, 1. (ici) *calibre*. 2. *casse-pieds* ; **to bore**, 1. *ennuyer*. 2. *creuser, forer*.

'O.K.,' I said, 'Do you know anybody named Arbogast ?'

'I meet such a lot of people,' he said, with another weary smile. 'Maybe yes, maybe no. So long[1], pal. Be pure.'

He strolled[2] over to the door, moving a little sideways, so that he had me covered all the time, and I had him covered, and it was just a case of who shot first and straightest, or whether[3] it was worthwhile[4] to shoot[5] at all, or whether I could hit anything with so much nice warm Scotch in me. I let him go. He didn't look like a killer to me, but I could have been wrong.

The little man rushed[6] me again while I wasn't thinking about him. He clawed[7] his big automatic out of my left hand, skipped[8] over to the door, spat on the carpet again, and slipped out. Waxnose backed after him - long sharp face, white nose, pointed chin, weary expression. I wouldn't forget him.

He closed the door softly and I stood there, foolish, holding my gun. I heard the elevator come up and go down again and stop. I still stood there. Marty Estel wouldn't be very likely to hire a couple of comics like that to throw a scare[9] into anybody. I thought about that, but thinking got me nowhere. I remembered the half-bottle of Scotch I had left and went into executive session[10] with it.

An hour and a half later I felt fine, but I still didn't have any ideas. I just felt sleepy.

The jarring[11] of the telephone bell woke me.

---

1. **so long** : (adv. fam.) *à un de ces jours, à tout à l'heure, à bien tôt.*
2. **to stroll** : *flâner, errer à l'aventure* ; *déambuler* ; **to take a stroll,** *faire un tour.*
3. **whether** : 1. *si*, non pas conditionnel, mais alternatif. **I wonder whether it is worth coming,** *je me demande si ça vaut la peine de venir* (oui ou non). 2. *que... ou que*, **whether you like or not,** *que cela vous plaise ou non.*
4. **worthwhile (to be)** : *valoir la peine.*

"O.K.", dis-je, "tu connais un nommé Arbogast ?"

"Je rencontre un tel tas de gens", dit-il, avec un nouveau sourire las. "Peut-être bien que oui, peut-être bien que non. A la prochaine, mon pote. Sois pur."

Il déambula vers la porte, marchant en crabe, sans cesser de me couvrir de son arme, tout comme je le faisais de la mienne, et il s'agissait seulement de savoir qui tirerait le premier et le plus droit, ou si même ça valait la peine de tirer, ou si même j'étais capable d'atteindre quoi que ce soit, avec tout ce que j'avais descendu comme bon whisky chaud. Je le laissai filer. Il n'avait pas, me semblait-il, une tête de tueur, mais je pouvais me tromper.

Le petit bonhomme me sauta dessus à nouveau alors que je ne pensais plus à lui. Il arracha de ma main gauche son gros automatique, bondit vers la porte, cracha une fois de plus sur le tapis et se glissa dehors. Waxnose le suivit, marchant à reculons - long visage anguleux, nez blafard, menton pointu, expression lasse. Je ne l'oublierai jamais.

Il ferma la porte doucement et je me trouvai là, l'air idiot, le flingue à la main. J'entendis l'ascenseur monter, puis descendre à nouveau et s'arrêter. J'étais toujours là. Il y avait peu de chances que Marty Estel engage une paire de comiques de ce genre pour flanquer la trouille à quelqu'un. Je réfléchis à tout ça, mais cette réflexion ne me mena nulle part. Je me souvins alors de la demi-bouteille de scotch qui me restait et repartis en réunion en sa compagnie.

Une heure et demie plus tard, je me sentais bien, mais je n'avais toujours pas d'idées. J'avais simplement sommeil.

La sonnerie déchirante du téléphone me réveilla.

---

5. **to shoot (shot, shot)** : 1. *tirer, faire feu*. 2. (fam.) *prendre une photo, tourner un film*. 3. (US) **shoot !** *vas-y ! raconte ! accouche !* 4. *se lancer, se précipiter*. 5. **to shoot a ball**, *shooter*, **to shoot a goal** : *marquer un but*.
6. **to rush** : 1. (ici) *pousser violemment, bousculer*. 2. *se précipiter, se jeter, se lancer*.
7. **to claw** : (ici) *saisir, accrocher, arracher*. 2. *griffer, déchirer*. 3. (fam.) *gratter, chatouiller*.
8. **to skip** : 1. (ici) *sauter, bondir, sautiller*. 2. (US) *filer, décamper*. 3. *omettre, sauter* (passage dans un écrit).
9. **to throw a scare** : *faire peur, donner la trouille* ; **scare**, *panique, alarme, peur* ; **to scare** : *effrayer, épouvanter*.
10. **executive session** : m. à m. *en réunion exécutive* .

I had dozed off[1] in the chair, which was a bad mistake, because I woke up with two flannel blankets in my mouth, a splitting headache[2], a bruise[3] on the back of my head and another on my jaw, neither of them larger than a Yakima apple[4], but sore for all that. I felt terrible. I felt like an amputated leg.

I crawled over to the telephone and humped[5] myself in a chair beside it and answered it. The voice dripped icicles[6].

'Mr Dalmas ? This is Mr Jeeter. I believe we met this morning. I'm afraid I was a little stiff[7] with you.'

'I'm a little stiff myself. Your son poked[8] me in the jaw. I mean your stepson, or your adopted son - or whatever he is.'

'He is both my stepson and my adopted son. Indeed ?' He sounded interested. 'And where did you meet him ?'

'In Miss Huntress's apartment.'

'Oh I see.' There had been a sudden thaw[9]. The icicles had melte[10] . 'Very interesting. What did Miss Huntress have to say ?'

'She liked it. She liked him poking me in the jaw.'

'I see. And why did he do that ?'

'She had him hid out[11]. He overheard[12] some of our talk. He didn't like it.'

'I see. I have been thinking that perhaps some consideration[13] - not large, of course - should be granted to her for her co-operation. That is, if we can secure[14] it.'

'Fifty grand is the price.'

'I'm afraid I don't-'

---

1. **to doze** : *sommeiller, somnoler* ; **to doze off** : *s'assoupir*.
2. **splitting headache** : m.à m. *un mal de tête qui fait éclater*; **to split (split, split)** 1. (ici) *faire éclater, fendre*. 2. *diviser, partager*. 3. *se fendre, se déchirer*.
3. **bruise** : *bleu, contusion, meurtrissure* ; *bosse*.
4. **Yakima apple** : *pomme de Yakima* (région du sud de l'Etat de Washington (côte ouest des Etats-Unis).
5. **to hump** :1.(ici) m.à m. *se précipiter, se dépêcher*. 2. *courber, cambrer* ; **to hump the back,** *faire le gros dos*.

Je m'étais assoupi dans mon fauteuil, ce qui était une grave erreur, car je me réveillai avec comme deux couvertures de flanelle dans la bouche, plus un fichu mal de tête, une meurtrissure à la nuque et une autre à la mâchoire, pas plus grandes l'une et l'autre qu'une petite pomme Yakima, mais malgré tout douloureuses. Je me sentais très mal. Comme si on m'avait amputé la jambe.

Je rampai jusqu'au téléphone et m'écroulai sur une chaise voisine et répondis. La voix était pleine de glaçons.

"Monsieur Dalmas ? Ici Monsieur Jeeter. Je crois que nous nous sommes rencontrés ce matin. Je crains de m'être montré un peu raide avec vous."

"Je le suis un peu moi-même. Votre fils m'a filé son poing dans la mâchoire. Je veux dire votre beau-fils ou votre fils adoptif." - ou tout ce que vous voudrez."

"Il est à la fois mon beau-fils et mon fils adoptif. Vraiment ?" Il parut intéressé. "Et où l'avez-vous rencontré ?"

"Dans l'appartement de Miss Huntress."

"Je vois." L'ambiance se dégela, les glaçons avaient fondu.

"Très intéressant. Qu'avait-elle à dire ?"

"Ça lui a plu. De le voir me cogner sur la mâchoire."

"Je vois. Et pourquoi a-t-il fait cela ?"

"Elle l'avait caché. Il a surpris une partie de notre conversation. Il n'a pas aimé."

"Je vois. Je me suis dit que l'on pourrait lui accorder une sorte de dédommagement - pas trop important bien sûr - pour sa coopération. Dans le cas où nous pourrions nous en assurer."

"Ce sera cinquante plaques."

"Je crains de ne pas..."

---

6. **dripped icicles** : m.à m., *ruisselait de glaçons* ; **to drip** : *dégoutter, dégouliner, ruisseler*.
7. **stiff** : 1. (ici) *dur, raide, rigide*. 2. *guindé*.
8. **to poke** (US sl.) : *donner un coup de poing;* cf. p. 51.
9. **thaw** : *dégel, fonte* ; **to thaw**, *dégeler, fondre*.
10. **to melt** : 1. (ici) *fondre*. 2. *s'attendrir, fléchir*.
11. **to hide (hid, hid, hidden)** : 1. (ici) *cacher, enfouir, soustraire*. 2. *se cacher* ; **hide out** (US) : *cachette*.
12. **to overhear (overheard, overheard)** : *surprendre* (conversation).
13. **consideration** : 1. (ici) *compensation, rémunération*. 2. *considération, réflexion*.
14. **to secure** : 1. (ici) *s'assurer, assurer*. 2. *obtenir, se procurer, se faire accorder*. 3. *mettre en sûreté*. 4. *fixer*.

'Don't kid[1] me,' I snarled[2]. 'Fifty thousand dollars. Fifty grand. I offered her five hundred - just for a gag[3].'

'You seem to treat this whole business in a spirit of considerable levity,' he snarled back. 'I am not accustomed to that sort of thing and I don't like it.'

I yawned[4]. I didn't give a damn[5] if school kept or not[6]. 'Listen, Mr Jeeter, I'm a great[7] guy to horse around[8], but I have my mind on the log[9] just the same. And there are some very unusual angles to this case. For instance a couple of gunmen[10] just stuck me up[11] in my apartment here and told me to lay off the Jeeter case. I don't see why it should get so tough.'

'Good heavens[12] !' He sounded shocked. 'I think you had better come out to my house at once and we will discuss matters. I'll send my car for[13] you. Can you come right away ?'

'Yeah. But I can drive myself. I — '

'No. I'm sending my car and chauffeur. His name is George ; you may rely upon him absolutely. He should be there in about twenty minutes.'

'O.K.,' I said. 'That just gives me time to drink my dinner. Have him park around the corner on Kenmore, facing towards Franklin. ' I hung up.

When I'd had a hot-and-cold shower and put on some clean clothes I felt more respectable. I had a couple of drinks, small ones for a change, and put a light overcoat on and went down to the street.

---

1. **to kid** (fam.) : *faire marcher, raconter des histoires* ; **no kidding !** *sans blagues !*
2. **to snarl** : *grogner, montrer les dents, gronder.*
3. **gag** (US sl.): ici : *blague* ; cf. p. 47.
4. **to yawn** : *bâiller* (sommeil) ; *s'entrouvrir* (gouffre.)
5. **not to give a damn** : *se moquer, s'en tamponner, s'en fiche, s'en battre l'œil* ; syn. **not to care a damn** (ou **a button, a fig, a cent**).
6. **school kept or not** : m.à m. *si ça marchait à l'école ou non.*
7. **great** : 1. ici (fam.) *chouette, super* ; **it's great** : *c'est formidable !* 2. *grand.* 3. *fort* ; **she is great at golf** : *elle est forte au golf.*

"Pas d'histoires", grognai-je. "Cinquante mille dollars. Cinquante bâtons. Je lui ai proposé cinq cents dollars - histoire de rigoler."

"Vous me paraissez mener toute cette affaire avec une considérable légèreté d'esprit", grogna-t-il en retour. "Je ne suis pas habitué à ce genre de chose et cela ne me plaît pas."

Je bâillai. Je me moquais totalement du résultat des courses.

"Ecoutez-moi, monsieur Jeeter, pour les distractions, je suis un type super, mais votre affaire ne m'est pas du tout sortie de l'esprit. Cependant elle présente quelques aspects pas ordinaires. Par exemple, une paire de tueurs s'est juste pointée dans mon appartement pour me dire d'abandonner l'affaire Jeeter. Je ne vois pas pourquoi ça deviendrait si tendu."

"Juste ciel." Il parut choqué. "Je crois que vous feriez mieux de venir chez moi tout de suite pour que nous discutions de cette affaire. Je vais vous envoyer ma voiture. Pouvez-vous venir maintenant ?"

"Ouais. Mais je peux venir avec la mienne. Je..."

"Non, je vous envoie ma voiture et mon chauffeur. Il s'appelle Georges; vous pouvez avoir toute confiance en lui. Il devrait être chez vous dans les vingt minutes."

"O.K.," dis-je. "Ça me laisse juste le temps de boire mon dîner. Dites-lui de s'arrêter à l'angle de Kenmore, face à Franklin", et je raccrochai.

Après une douche brûlante puis glacée, je passai des vêtements propres et me sentis plus respectable. J'avalai deux verres - petits, pour changer -, enfilai un pardessus léger et descendis dans la rue.

---

8. **to horse around** : cf. p. 21. 1. ici (US sl.) *s'amuser, faire joujou, chahuter* ; syn. **to joke, to play.** 2. (US sl.) *tricher, mystifier* ; syn. **to cheat** ; **to hoax** ; ❒ **horse** (US sl.) *héroïne.*
9. **I have my mind on the log** : m.à m. *j'ai l'esprit sur le journal de bord* ; **log**, 1. (ici) **log-book** : *journal de bord, de navigation.* 2. *bûche.*
10. **gunmen** : 1. ici (US sl.) *gangster, malfaiteur armé, tueur* ; syn. **thug, hoodlum.**
11. **stuck me up** : m.à m. *m'a attaqué* ; **to stick up** 1. ici (US. sl.), *attaquer à main armée* ; **stick'em up** ! *haut les mains !* **a stick up,** *une attaque à main armée* ; syn. **armed robbery, hold-up.** 2. *se dresser, se tenir droit* ; (fam.) **to stick up for s.o.,** *prendre la défense de qn.*
12. **good heavens** : *juste ciel, bonté divine.*
13. **to send for s.o.** : *envoyer chercher qn.*

The car was there already. I could see it half a block down the side street. It looked like a new market opening. It had a couple of headlamps like the one on the front end of a streamliner[1], two amber fog-lights hooked[2] to the front fender[3], and a couple of sidelights[4] as big as ordinary headlights. I came up beside it and stopped and a man stepped out of the shadows[5], tossing a cigarette over his shoulder with a neat flip[6] of the wrist. He was tall, broad, dark, wore a peaked cap, a Russian tunic with a Sam Browne belt, shiny leggings, and breeches that flared[7] like an English staff major's whipcords.

'Mr Dalmas ?' He touched the peak of his cap with a gloved forefinger.

'Yeah,' I said. 'At ease. Don't tell me that's old man Jeeter's car.'

'One of them.' It was a cool voice that could get fresh.

He opened the rear door and I got in and sank down into the cushions and George slid under the wheel and started the big car. It moved away from the kerb and around the corner with as much noise as a bill makes in a wallet. We went west. We seemed to be drifting with the current, but we passed[8] everything. We slid through the heart of Hollywood, the west end of it, down to the Strip and along the glitter of that to the cool quiet of Beverly Hills where the bridle path divides the boulevard.

We gave Beverly Hills the swift and climbed along the foothills, saw the distant lights of the university buildings and swung north into Bel-Air.

---

1. **streamliner** : (US) *train aérodynamique* ; **streamlined** : *fuselé, profilé, aérodynamique.*
2. **to hook** : 1. (ici) *accrocher, suspendre.* 2. *agrafer.* 3. *prendre à l'hameçon.* 4. (US. sl.) *faucher.* 5. (US. sl.) *faire le trottoir* ; **hooker,** *prostituée* ; **to be hooked** (US. sl.) 1. *être arnaqué.* 2. *être drogué, intoxiqué.*
3. **fender** : 1. (ici) *pare-chocs.* 2. (US) *garde-boue* ; syn. (GB) **mudguard.** 3. (US) *chasse-pierres.* (train).

La voiture m'attendait déjà. Je la voyais garée à un demi-bloc de la prochaine rue. On se serait cru à l'inauguration d'une nouvelle exposition. Elle avait deux phares pareils aux projecteurs situés à l'avant des locomotives aérodynamiques, deux antibrouillard jaunes accrochés au pare-chocs avant et une paire de feux de position latéraux aussi gros que des phares auto. Je m'en approchai et m'arrêtai. Un homme sortit de l'ombre, balançant adroitement sa cigarette d'une pichenette par-dessus son épaule. Il était grand, large et brun, portait une casquette à visière, une tunique à la russe avec une ceinture Sam Browne, des guêtres vernies et des culottes de cheval qui s'évasaient comme celles en whipcord d'un officier d'état-major anglais.

"Monsieur Dalmas ?" Il toucha de son index ganté le bord de sa visière.

"Ouais", dis-je. "Repos. Ne me dites pas que c'est la voiture du vieux Jeeter."

"L'une d'entre elles." C'était une voix imperturbable qui pouvait devenir insolente.

Il ouvrit la portière arrière et j'entrai m'enfoncer dans les coussins, tandis que Georges passait derrière le volant et mettait en marche la grosse voiture. Celle-ci quitta le bord du trottoir et tourna au coin de la rue sans faire plus de bruit qu'un billet de banque que l'on glisse dans un portefeuille. Nous nous dirigeâmes vers l'ouest. Nous paraissions entraînés par le flot des voitures mais en fait on doublait tout le monde. Nous passâmes à travers le cœur d'Hollywood, puis sa partie ouest jusqu'au Strip, et tout au long de ses lumières, jusqu'à la fraîcheur paisible de Beverly Hills où la piste cavalière divise le boulevard.

Nous quittâmes Beverly rapidement, abordâmes les contreforts des collines, aperçûmes au loin les lumières des bâtiments de l'université et tournâmes au nord, vers Bel-Air.

---

4. **sidelight** : ici (US) *feux de côte* ; (GB) **side lamp**. 2. *lumière oblique, latérale*.
5. **shadow** : *ombre* (obscurité); **to cast a shadow** : *projeter une ombre* ; **the shadow of a doubt** : *l'ombre d'un doute*. ❑ **shade** 1. *ombre* (ombrage). 2. *nuance* (couleur), *un petit peu*. 3. *fantôme*.
6. **neat flip** : **neat** cf. p. 38, *adroit* ❑ **flip**, *chiquenaude*, *pichenette*.
7. **to flare** : 1. (ici) *s'évaser* 2. *flamboyer*, *vaciller* (lumière).
8. **to pass** : 1 (ici) *doubler*. 2. *passer devant*. 3. *croiser*, *brûler* (feu rouge).

We began to slide up[1] long narrow streets with high walls and no side-walks[2] and big gates. Lights on mansions[3] glowed[4] politely through the early night. Nothing stirred[5]. There was no sound but the soft purr[6] of the tyres on concrete[7]. We swung left again and I caught a sign which read Calvello Drive. Half-way up this George started to swing the car wide to make a left turn in at a pair of twelve-foot[8] wrought-iron gates. Then something happened.

A pair of lights flared[9] suddenly just beyond the gates and a horn[10] screeched[11] and a motor raced[12]. A car charged at us fast. George straightened out with a flick of the wrist, braked the car and slipped off his right glove, all in one motion.

The car came on, the lights swaying. 'Damn drunk[13],' George swore over his shoulder.

It could be. Drunks in cars go all kinds of places to drink. It could be. I slid down onto the floor of the car and yanked the Lüger from under my arm and reached up to open the catch. I opened the door a little and held it that way, looking out over the sill. The headlights hit me in the face and I ducked, then came up again as the beam passed.

The other car jammed to a stop. Its door slammed open and a figure jumped out of it, waving a gun and shouting. I heard the voice and knew.

'Reach you - ! 'Frisky screamed at us.

George put his left hand on the wheel and I opened my door a little more. The little man in the street was bouncing up and down and yelling. Out of the small dark car from which he had jumped came no sound except the noise of its motor.

---

1. **slide up** : **to slide (slid, slid)**, *glisser, se glisser le long.*
2. **side-walk** (ou **sidewalk**) : (US) *trottoir* ; (GB) **pavement.**
3. **mansion** : 1. (ici) *demeure.* 2.*hôtel particulier* (en ville). 3. *château.*
4. **glowed** : m. à m. *rougeoyaient*, cf. p. 40.
5. **to stir** : *bouger, remuer* ; **to stir up** : *agiter, ameuter, susciter.*
6. **purr** : m. à m. *ronron* (chat, machine), *ronflement, vrombissement.*

Nous commençâmes à longer de longues rues étroites, sans trottoirs, bordées de hauts murs et d'immenses grilles d'entrée. Les lumières des demeures brillaient fort civilement dans la nuit tombante. Rien ne bougeait. On n'entendait pas un bruit en dehors du doux crissement des pneus sur la chaussée. Nous virâmes encore à gauche et j'aperçus un panneau marqué Calvello Drive. A mi-chemin dans cette montée, Georges fit un large crochet pour se rabattre complètement à gauche vers deux grilles en fer forgé hautes d'environ quatre mètres. Alors il se produisit quelque chose.

Deux phares s'allumèrent soudain juste au-delà des grilles, un klaxon hurla et un moteur s'emballa. Une voiture fonça sur nous à toute allure. D'un seul mouvement, Georges redressa la voiture d'un coup vif du poignet, freina et enleva son gant droit.

La voiture s'approcha, ses lumières oscillant. "Foutu ivrogne", jura Georges par-dessus son épaule.

C'était possible. Les ivrognes en bagnole vont dans toutes sortes d'endroits pour picoler. Possible. Je me glissai vers le plancher de la voiture et tirai mon Lüger de sous mon aisselle pour atteindre et ouvrir le cran de sûreté. J'entrouvris la portière et, la maintenant ainsi, je regardai au travers du bas de la vitre. Les phares m'aveuglèrent et je baissai vivement la tête, puis la relevai quand leur faisceau se fut éloigné.

L'autre voiture s'arrêta pile. Sa portière s'ouvrit violemment et une silhouette en sauta, agitant un flingue en hurlant. J'écoutai et reconnus la voix.

"Haut les mains— !" hurla Frisky.

Georges posa sa main gauche sur le volant et j'entrouvris un peu plus ma portière. Le petit bonhomme bondissait dans la rue en braillant. De la petite voiture sombre d'où il avait jailli ne sortait aucun bruit autre que celui du moteur.

---

7. **concrete** : 1. ici (n.) *béton*. 2. (adj.) *concret*.
8. **twelve-foot** : 3,64 m (1 ft = 0,304 m) noter l'emploi du singulier **foot** (et non du pluriel **feet**) en position adjectivale.
9. **flared** : m. à m. *flamboyèrent* .
10. **horn** : 1. (ici) *avertisseur, klaxon*. 2. *corne*. 3. *cor, cornet, trompe*. 4. *pavillon* (phonographe).
11. **to screech** : m. à m. *pousser des cris aigus, perçants*.
12. **to race** : 1. (ici) *(s')emballer* (moteur). 2. *faire une course, aller à toute vitesse*.
13. **drunk** : (n. fam.) *ivrogne, poivrot, pochard*. 2. (adj.) *ivre, soûl*.

'This is a heist[1] !' Frisky yelled. 'Out of there and line up[2], you[3] - - - !'

I kicked my door open[4] and started to get out, the Lüger down at my side.

'You asked for it !' the little man yelled.

I dropped - fast ! The gun in his hand belched[5] flame. Somebody must have put[6] a firing pin in it. Glass smashed behind my head. Out of the corner of my eye, which oughtn't to have had any corners at that particular moment, I saw George make[7] a movement as smooth[8] as a ripple[9] of water. I brought the Lüger up and started to squeeze the trigger[10], but a shot crashed beside me - George.

I held my fire. It wasn't needed now.

The dark car lurched[11] forward and started down the hill furiously. It roared into the distance while the little man out in the middle of the pavement was still reeling grotesquely in the light reflected from the walls.

There was something dark on his face that spread. His gun bounded along the concrete. His little legs buckled[12] and he plunged sideways and rolled and then, very suddenly, became still[13].

George said, 'Yah !' and sniffed at the muzzle of his revolver.

'Nice shooting.' I got out of the car, stood there looking at the little man - a crumpled nothing. The dirty white of his sneakers gleamed[14] a little in the side glare[15] of the car's lights.

---

1. **heist** : (US sl.) *braquage, hold-up, attaque à main armée* ; **to heist** '*braquer*'.
2. **to line up** : *(s')aligner, (se) mettre en ligne, faire la queue, prendre la file.*
3. **you - - -** : équivalent de *espèce de, bande de...*
4. **kicked my door open** : **to kick**, *donner un coup de pied* ❑ noter la construction, cf. note 1 p. 50.
5. **to belch** : 1. *vomir* (flammes, fumée). 2. *éructer, roter*.
6. **somebody must have put...** : le défectif **must** n'a pas de participe passé, c'est donc le verbe qui suit qui en porte la marque (p.p.) . (En français, on a *quelqu'un avait dû mettre*, l'anglais dit *quelqu'un doit avoir mis*).

"On vous braque !" hurla Frisky. "Sortez de là et alignez-vous ! bande de..."

J'ouvris ma portière d'un coup de pied et me mis à sortir, mon Lüger à la hanche.

"Tu l'auras voulu !" hurla le petit homme.

Je me baissai vite fait ! Son flingue cracha une flamme. Quelqu'un avait dû y mettre un percuteur. La vitre se fracassa derrière ma tête. Du coin de l'œil, qui n'aurait pas dû avoir de coins à ce moment-là, je vis Georges effectuer un mouvement aussi coulé et silencieux qu'une ondulation dans de l'eau. Je relevai mon Lüger et m'apprêtai à appuyer sur la détente, mais un coup de feu retentit tout contre moi. C'était Georges.

Je retins mon arme. Il n'y en avait plus besoin.

La voiture sombre fit une embardée en démarrant et se mit à dévaler la colline à fond. Elle rugissait déjà au loin tandis que le petit bonhomme titubait encore de façon grotesque dans la lumière que réfléchissaient les murs.

Quelque chose de foncé se répandait sur son visage. Son flingue alla rebondir sur la chaussée. Ses petites jambes flanchèrent et il s'effondra de côté en roulant, puis, soudain, s'immobilisa complètement.

"Ouaf !" fit Georges et il renifla le canon de son revolver.

"Joli coup." Je sortis de la voiture et restai debout à contempler ce petit bonhomme, recroquevillé, qui n'était plus rien. Le blanc sale de ses tennis brillait légèrement dans la lumière latérale des feux de la voiture.

---

7. **I saw George make** : ❒ noter l'infinitif sans **to** (**make**) après un verbe de perception (**to see**).
8. **smooth** : 1. (ici) *régulier, doux, sans heurt, coulant sans bruit.* 2. *lisse, poli, uni.* 3. *mielleux, doucereux.*
9. **ripple** : 1. (ici) *ondulation, ride ; clapotis.* 2. *murmure.*
10. **trigger** : 1. (ici) *gâchette.* 2. *déclic, poussoir, manette.*
11. **to lurch** : 1. (ici) *faire une embardée.* 2. *marcher en titubant.*
12. **to buckle** : 1. ici (fam.) *flancher, s'effondrer.* 2. (se) *boucler, (s') agrafer.* 3. *s'atteler, se mettre.*
13. **still** :❒ (adj.) 1. (ici) *immobile, tranquille* ; **to stand still**, *rester immobile.* 2. *calme, silencieux*, **still water**, *eau dormante* ❒ (adv.) 1. *encore (toujours).* 2. *cependant, néanmoins.*
14. **to gleam** : *luire, briller*, cf. p. 40.
15. **glare** : 1. *clarté, éclat, lumière forte* (projecteur) ; *éblouissement* (phare). 2. *clinquant.* 3. *regard irrité.*

George got out beside me. 'Why me, brother ?'

'I didn't fire[1]. I was watching that pretty hip draw[2] of yours. It was sweeter than honey.'

'Thanks, pal. They were after Mister[3] Gerald, of course, I usually ferry[4] him home from the club about this time, full of liquor[5] and bridge losses.'

We went over to the little man and looked down at him. He wasn't anything to see. He was just a little man who was dead, with a big slug[6] in his face and blood on him.

'Turn some of those damn lights off,' I growled. 'And let's get away from here fast.'

'The house is just across the street,' George sounded as casua[7]l as if he had just shot a nickel in a slot machine[8] instead of a man.

'The Jeeters are out of this, if you like your job. You ought to know that. We'll go back to my place and start all over.'

'I get it,' he snapped[9], and jumped back into the big car. He cut the foglights and the sidelights and I got in beside him in the front seat.

We straightened out and started up the hill, over the brow[10]. I looked back at the broken window. It was the small one at the extreme back of the car and it wasn't shatter-proof. A large piece was gone from it. They could fit that, if they got around to it, and make some evidence. I didn't think it would matter, but it might.

At the crest of the hill a large limousine passed us going down.

---

1. **to fire** : 1. ici (fam.) *faire feu, tirer* ; *lancer* (**rocket**, *fusée*). 2. *mettre le feu, incendier, allumer, embraser*. 3. *renvoyer, virer, congédier*.
2. **hip draw** (US) : m. à m. *action de dégainer* (**draw**) *de la hanche* (**hip**) popularisée par le duel classique du western : le gagnant est celui dont le '**draw**' est le plus rapide.
3. **Mister** : familier et vulgaire ; la forme polie est **Sir** ; on écrit **Mister** en toutes lettres pour marquer l'emploi populaire (devant un nom ou prénom (adresse) abrégé en **Mr.**).
4. **to ferry** : 1. (ici) *transborder* 2. *passer* (voiture, etc.) *par un bac*.

Georges sortit à mes côtés. "Pourquoi moi, l'ami ?"

"Je n'ai pas tiré. J'observais votre chouette tir de la hanche. C'était du gâteau."

"Merci, camarade. Ils étaient après M'sieu Gérald, bien sûr. C'est l'heure où, en général, je le transborde chez lui depuis le Club, bourré d'alcool et de pertes au bridge."

Nous nous approchâmes du petit bonhomme pour l'examiner.

Il n'y avait rien à voir. Ce n'était qu'un petit homme mort, avec un pruneau en plein visage et du sang partout.

"Coupez ces foutus phares", grognai-je, "et dégageons vite d'ici !"

"La maison est juste en face." Georges avait l'air aussi détaché que s'il venait de loger une pièce dans une machine à sous, au lieu d'une balle dans la tête d'un homme.

"Les Jeeter sont en dehors de tout cela, si vous tenez à votre boulot. Vous devriez le savoir. On va retourner chez moi et reprendre à la case départ."

"Compris", dit-il sèchement et il sauta dans la grosse voiture. Il coupa les anti-brouillard et les feux de côté; je m'assis à ses côtés sur le siège avant.

Nous nous redressâmes et la voiture démarra, attaquant le front de la colline. Je me retournai pour regarder la vitre brisée. C'était la petite, tout à l'arrière, qui n'était pas en verre renforcé. Il en manquait un bon morceau. Ils pouvaient faire un recoupement s'ils tombaient dessus, et en faire une preuve. Je ne pensais pas que ça avait de l'importance, mais ce n'était pas sûr.

Au sommet de la colline, une grande limousine, qui descendait, nous dépassa.

---

5. **liquor** : 1. *alcool* (boisson); (US) **liquored**, *ivre, soûl*. 2. *jus* (rôti) ; *solution* (pharmaceutique).
6. **slug** : 1. ici (US. sl.) *balle*, '*pruneau*', '*bastos*'. 2. (US. sl.) *dollar*. 3. *lampée*, *rasade*, *dose*, *verre* (whisky). 4. (US. sl.) *coup* = (GB) **slog** 5. *lingot* ❒ 1. *limace*. 2. (fam.) *paresseux*.
7. **to sound** : 1. (ici) *paraître*, *avoir l'air*, *sembler*. 2. *retentir*, *sonner*. 3. *prononcer*. 4. *sonder*, *ausculter*.
8. **slot machine** : *machine à sous* ; *distributeur automatique* ; **slot**, *fente*, *rainure*, *entaille*.
9. **to snap** : 1. (ici) *dire d'un ton sec, cassant*. 2. *claquer*, *faire un bruit sec*. 3. (*se*) *rompre*, (se) *casser avec un bruit sec*.
10. **brow** : 1. (ici) *front* (de colline) 2. **brows**, *arcade sourcilière*.

Its dome light was on and in the interior, as in a. lighted showcase[1], an elderly couple sat stiffly, taking the royal salut[2]e. The man was in evening clothes, with a white scarf and a crush[3] hat. The woman was in furs and diamonds.

George passed them casually, gunned[4] the car and we made a fast right turn into a dark street. 'There's a couple of good dinners all shot to hell,' he drawled[5]. 'And I bet[6] they don't even report it.'

'Yeah. Let's get back home and have a drink,' I said. 'I never really got to like killing people.'

5

We sat with some of Miss Harriet Huntress's Scotch in our glasses and looked at each other across the rims[8]. George looked nice with his cap off[9]. His head was clustered[10] over with wavy dark-brown hair and his teeth were very white and clean. He sipped[11] his drink and nibbled[12] a cigarette at the same time. His snappy[13] black eyes had a cool glitter in them.

'Yale[14] ?' I asked.

'Darmouth, if it's any of your business.'

'Everything's my business. What's a college[15] education worth these days ?'

'Three squares[16] and a uniform,' he drawled.

'What kind of guy is young Jeeter ?'

'Big blond bruiser, plays a fair game of golf, thinks he's hell with the women, drinks heavy but hasn't sicked up on the rugs so far.'

'What kind of guy is old Jeeter?'

---

1. **showcase** : *vitrine* ; **show**, *exposition*, *foire* ; **Motor Show**, *Salon de l'Auto* ; **showpiece**, *clou* (d'une exposition).
2. **to take the royal salute** : *passer les troupes en revue*.
3. **crush hat** : m. à m. *chapeau claque*.
4. **to gun** (US. sl.) : *donner plein gaz, accélérer à fond* ; **to gun it**, *appuyer sur le champignon*.
5. **drawled** : **to drawl** : parler d'une voix traînante,cf. p. 131.
6. **to bet** : *miser, parier* ; **to bet 5 to 1**, *parier à 5 contre 1*.

Son plafonnier était allumé, et à l'intérieur, comme dans une vitrine éclairée, se tenait un couple assis tout raide, prêt à recevoir les acclamations du bon peuple. L'homme était en tenue de soirée, avec foulard blanc et haut-de-forme. La femme couverte de fourrures et de diamants.

Georges les doubla sans broncher, puis appuya sur le champignon et tourna vite dans une rue sombre.

"Voilà deux soupers fins mal barrés," fit-il d'une voix traînante. "Et je parie qu'ils n'en parleront à personne."

"Ouais. Rentrons chez moi et buvons un coup", dis-je. "Je n'ai jamais pris goût à tuer des gens."

5

Assis chez moi, nous nous regardions à travers les bords de nos verres remplis du scotch de Miss Harriet Huntress. Georges était à son avantage sans sa casquette. Une masse de cheveux bruns ondulés enserrait sa tête, et ses dents étaient très blanches et saines. Il sirotait sa boisson tout en mâchonnant une cigarette. Ses yeux noirs et vifs brillaient d'un éclat froid.

"Ancien de Yale ?" demandai-je.

"Dartmouth, si ça vous regarde."

"Tout me regarde. Qu'est-ce que ça vaut, aujourd'hui, une éducation à l'université ?"

"Trois repas par jour et un uniforme", dit-il de sa voix traînante.

"Et le jeune Jeeter, c'est quelle sorte de type ?"

"Une grosse brute blonde, joue correctement au golf, croit que les femmes ne peuvent pas lui résister, boit sec, mais jusqu'ici n'a pas vomi sur le tapis."

"Et quelle sorte de type c'est, le vieux Jeeter ? "

---

8. **rims** : (ici) *bord* ; *jante* (roue) ; *monture* (lunettes).
9. **off** (adv.) : **to take off one's hat**, *enlever son chapeau*.
10. **clustered** : **to cluster** : *(se) rassembler*, *(se) grouper*.
11. **to sip** : *boire à petites gorgées* ; **a sip** : *une petite gorgée*.
12. **to nibble** : *grignoter*, *mordiller*.
13. **snappy** : 1. (ici) *vif*, *plein d'allant* 2. *nerveux*.
14. **Yale** : célèbre université américaine, ouverte en 1702 et portant le nom de **Elihu Yale**, un de ses premiers bienfaiteurs.
15. **college** : aux E.U., établissement d'enseignement supérieur de 1er cycle. En G.B., subdivision d'une université ;
16. **squares** : ici (US. sl.) *repas copieux* (abrégé de **square meal**).

'He'd probably give you a dime[1] - if he didn't have a nickel[2] with him.'

'*Tsk, tsk,* you're talking about your boss.'

George grinned. 'He's so tight[3] his head squeaks when he takes his hat off. I always took chances[4]. Maybe that's why I'm just somebody's driver. This is good Scotch.'

I made another drink, which finished the bottle. I sat down again.

'You think those two gunnies[5] were stashed out for Mister Gerald ?'

'Why not ? I usually drive him home about that time. Didn't to-day. He had a bad hangover[7] and didn't go out until late. You're a dick, you know what it's all about, don't you ?'

'Who told you I was a dick ?'

'Nobody but[8] a dick[9] ever asked so goddam[10] many questions.'

I shook my head. 'Uh-uh. I've asked you just six questions. Your boss has a lot of confidence in you. He must have told you.'

The dark man nodded, grinned[11] faintly and sipped. 'The whole set-up[12] is pretty obvious,' he said. 'When the car started to swing for the turn into the driveway[13] these boys went to work. I don't figure[14] they meant to kill anybody, somehow. It was just a scare[15]. Only that little guy was nuts[16].'

I looked at George's eyebrows. They were nice black eyebrows, with a gloss[17] on them like horsehair.

---

1. **dime** : *pièce de 10 cents* ; syn. **dimmer** ; **dime novel**, *roman bon marché.*
2. **nickel** : *pièce de 5 cents.*
3. **tight** : 1. (ici) *raide, tendu.* 2. *serré, étroit, juste.*
4. **chances** : 1. ici (US) *risque.* 2. *hasard, fortune.* 3. *occasion.*
5. **gunnies** : pl. de **gunnie** or **gunny**, *bandit, gangster;* syn. **gunman, hoodlum, thug.**
6. **stashed out** : (US. sl.) *caché, planqué* ; *mis à gauche* (argent) .
7. **hangover** : (sl.) *gueule de bois ;* ❒ **hang-over**, *reste, reliquat.*
8. **but** : *si ce n'est, sauf, excepté.*

"Il vous filerait sans doute dix cents, s'il n'avait pas une pièce de cinq sous la main."

"Tss, tss, vous parlez de votre patron."

Georges grimaça un sourire. "Il est tellement raide que sa tête grince quand il enlève son chapeau. J'ai toujours pris des risques. C'est peut-être pourquoi je ne suis que le chauffeur de quelqu'un. Ce whisky, il est bon."

Je resservis une tournée, ce qui vida la bouteille. Puis je me rassis.

"Vous croyez que ces deux gangsters étaient planqués là pour Monsieur Gérald ?"

"Pourquoi pas ? C'est à peu près l'heure où je le conduis à la maison. Pas aujourd'hui. Il avait une sacrée gueule de bois, et n'est sorti que très tard. Vous êtes un flic, vous savez de quoi il en retourne, pas vrai ?"

"Qui vous a dit que j'étais un flic ?"

"Il n'y a qu'un flic pour poser tant de foutues questions."

Je secouai la tête.

"Holà, je ne vous ai posé que six questions. Votre patron a grande confiance en vous. Il a dû vous le dire."

Il acquiesça, grimaça un sourire et avala une gorgée. "Le piège paraît bien évident", dit-il. "Quand la voiture a commencé à virer pour entrer dans l'allée, ces gars se sont mis à l'œuvre. Je ne crois pas qu'ils avaient l'intention de tuer quelqu'un, en tout cas. C'était juste de l'intimidation. Sauf que le petit mec était cinglé."

Je regardai les sourcils de Georges. C'étaient de beaux sourcils noirs, lustrés comme le pelage d'un cheval.

---

9. **dick** : *flic* ; *flic d'hôtel.*
10. **goddam** : (US) adj. = **damned**, *fichu*, *foutu*, *sacré.*
11. **to grin** : sur **grin**, *grimace*, *rictus* et aussi *large sourire*, d'où *grimacer un sourire.*
12. **set-up** (US. sl.) : 1. (ici) *piège*, *coup*. 2. *tâche facile*. 3. *match truqué*. 4. *pot*, *verre* (offert). 5. *personne facilement trompée.* 6. *local*, *pièce.*
13. **driveway** : *allée.*
14. **to figure** : (*s'*) *imaginer*, *estimer*, *escompter*; ❒ **it figures** (employé seul), *il faut s'y attendre*, *c'est normal*, *ce n'est pas surprenant.*
15. **scare** : 1. (ici) *intimidation*. 2. *alarme*, *panique*, *peur.*
16. **nuts** : 1. ici (US. sl.) adj. *cinglé*, *branque*, *fou*. 2. **nuts** ! *des clous !* ; ❒ **nut** : n. *cinglé*, *dingue*. 2. *fana.*
17. **gloss** : 1. (ici) *lustre* ; *satiné*. 2. *poli* ; *éclat.*

I said : 'It doesn't sound like Marty Estel to pick that sort of helpers[1].'

'Sure. Maybe that's why he picked that sort of helpers.'

'You're smart[2]. You and I can get along[3]. But shooting that little punk[4] makes it tougher. What will you do about that ?'

'Nothing.'

'O.K. If they get to you and tie[5] it to your gun, if you still have the gun, which you probably won't, I suppose it will be passed off[6] as an attempted stick-up[7]. There's just one thing.'

'What ?' George finished his second drink, laid the glass aside, lit a fresh[8] cigarette and smiled.

'It's pretty hard to tell[9] a car from in front - at night. Even with all those lights. It might have been a visitor.'

He shrugged and nodded. 'But if it's a scare, that would do just as well. Because the family would hear about it and the old man would guess whose boys they were - and why.'

'Hell, you really are smart,' I said admiringly, and the phone rang.

It was an English-butler voice, very clipped and precise, and it said that if I was Mr John Dalmas, Mr Jeeter would like to speak to me. He came on at once, with plenty of frost.

'I must say that you take your time about obeying orders,' he barked. 'Or hasn't that chauffeur of mine... '

'Yeah, he got here, Mr Jeeter,' I said. 'But we ran into[10] a little trouble. George will tell you.'

'Young man, when I want something done -'

---

1. **to pick that sort of helpers** : m.à m. *ramasser ce genre d'aides.*
2. **smart** : 1. (ici) *malin, habile, futé.* 2. *vif, alerte.* 3. *élégant, chic*; **smart-aleck,** *petit malin.*
3. **to get along** : 1. (ici) *bien s'entendre* ; syn. **to be on good terms** 2. *s'en aller.* 3. *faire des progrès.* 4. *se débrouiller.*
4. **punk** : 1. ici (US) *petit voyou* 2. (US) *novice* 3. *punk.*
5. **to tie** : 1. (ici) *relier à.* 2. *attacher, ficeler* 3. *limiter.* 4. *(sport). faire match nul.*

"Ça ne ressemble pas à Marty Estel d'aller se faire aider par ce genre de types", dis-je.

"Sûr. C'est peut-être pour ça qu'il les a ramassés..."

"Vous êtes futé. On pourra s'entendre tous les deux. Mais d'avoir descendu le petit voyou rend les choses plus dures. Qu'allez-vous faire avec ça ?"

"Rien."

"O.K. Si la police arrive jusqu'à vous et fait la relation avec votre flingue, si vous l'avez toujours, ce qui n'est sans doute plus le cas, j'imagine que l'on considérera qu'il s'agit d'une tentative d'attaque à main armée. Il y a juste un point."

"Quoi donc ?" Georges vida son deuxième verre, le posa de côté, alluma une nouvelle cigarette et sourit.

"C'est plutôt dur de reconnaître une voiture de face la nuit, même avec tous les phares de ta bagnole. Ç'aurait pu être un visiteur."

Il haussa les épaules et hocha la tête. "Si c'était pour flanquer la trouille, ça marchait aussi bien. La famille en aurait eu vent et le vieux aurait deviné d'où venaient les gars - et pourquoi."

"Diable, vous êtes vraiment mariole", dis-je avec admiration, et le téléphone sonna.

C'était une voix de maître d'hôtel anglais, pincée et précise, qui me fit savoir que, si j'étais M. Dalmas, M. Jeeter aimerait me parler. Ce dernier prit le relais aussitôt, avec une voix glaciale.

"Je dois dire que pour ce qui est d'obéir aux ordres, vous prenez votre temps", aboya-t-il. "Ou bien est-ce que mon chauffeur..."

"Ouais, il est bien arrivé, monsieur Jeeter", dis-je. "Mais on a eu un petit problème. Georges vous racontera."

"Jeune homme, quand je veux que quelque chose soit fait..."

---

6. **passed off** : **to pass off** 1.(ici) *faire passer, faire prendre.* 2. (*se*) *passer*, (se) *dérouler s'accomplir;* **to pass sth. off on sby.**, *refiler qqch. à qn.*
7. **stick up** : = **hold up**, *attaque à main armée.*
8. **fresh** : 1. (ici) *nouveau, nouvelle* ; *supplémentaire* ; *de rechange.* 2. *frais* 3. *plein d'entrain.* ❒ 4. *familier, impertinent* ; syn. **cheeky**.
9. **to tell** : 1. (ici) *distinguer, voir* ; **to tell right from wrong**, *distinguer le bien du mal.* 2. *dire, raconter.* 3. *ordonner*, **do as you are told** : *faites ce que l'on vous dit.* 3. *savoir* ; **I can't tell**, *je n'en sais rien.* 4. **to tell on**, *dénoncer.* 5. *se faire sentir* (influence).
10. **to run into** : *tomber sur, se heurter à, se trouver face à.*

'Listen, Mr Jeeter, I've had a hard day. Your son punched[1] me on the jaw and I fell and cut my head open. When I staggered back[2] to my apartment, more dead than alive, I was stuck up[3] by a couple of hard guys with guns who told me to lay off the Jeeter case. I'm doing my best but I'm feeling a little frail[4], so don't scare me.'

'Young man— '

'Listen,' I told him earnestly, 'if you want to call all the plays in this game, you can carry the ball yourself. Or you can save yourself a lot of money and hire an order-taker. I have to do things my way. Any cops visit you tonight ?'

'Cops[5] ?' he echoed in a sour voice. 'You mean policemen ?'

'By all means[6] - I mean policemen.'

'And why should I see any policemen ?' he almost snarled.

'There was a stiff[7] in front of your gates half an hour ago. Stiff meaning dead man. He's quite small. You could sweep him up in a dustpan, if he bothers[8] you.'

'My God ! Are you serious ?'

'Yes. What's more he took a shot at George and me. He recognized the car. He must have been all set for your son, Mr Jeeter.'

A silence with barbs on it. 'I thought you said a dead man,' Mr Jeeter's voice said very coldly. 'Now you say he shot at you.'

'That was while he wasn't dead,' I said. 'George will tell you, George - '

'You come out here at once !' he yelled at me over the phone. 'At once, do you hear ? At once!'

---

1. **to punch** : 1. (ici) *donner un coup de poing, cogner* 2. *perforer, poinçonner*.
2. **I staggered back** : **back** indique l'idée de revenir ; **to stagger**, 1. *tituber, chanceler, vaciller*. 2. *stupéfier, étonner*. 3. *étaler dans le temps, échelonner* ; **staggered payments**, *versements échelonnés*.
3. **to stick up** : *attaquer à l'aide d'un revolver* (cf. **stick up,** p. 91).

"Ecoutez, Monsieur Jeeter, j'ai eu une rude journée. Votre fils m'a cogné sur la gueule ; je suis tombé et je me suis fendu le crâne. Quand je suis revenu chez moi sur les genoux, plus mort que vif, je me suis fait agresser par deux durs armés de flingues qui m'ont dit de laisser tomber l'affaire Jeeter. Je fais de mon mieux, mais je me sens un peu fragile, alors ne venez pas me faire peur."

"Jeune homme ... "

"Ecoutez", lui dis-je avec sérieux, "si vous voulez vous occuper de tout dans cette histoire, vous pouvez y aller tout seul. Ou bien vous pouvez économiser beaucoup d'argent et engager quelqu'un qui sera aux ordres. Moi, je dois faire les choses à ma façon. Est-ce que des poulets vous ont rendu visite ce soir ?"

"Des poulets ?" fit-il en écho d'une voix aigre. "Vous voulez dire des policiers ?"

"Bien sûr — je parle de policiers."

"Et pourquoi devrais-je voir des policiers ?" grogna-t-il presque.

"Il y avait un macchabée devant votre grille, il y a une demiheure. Macchabée veut dire homme mort. Il est tout petit. S'il vous gêne, vous pouvez le balancer dans une poubelle."

"Mon Dieu ! vous parlez sérieusement ?"

"Oui. De plus il a tiré sur Georges et moi. Il a reconnu la voiture. Il avait dû arranger tout ça pour votre fils, Monsieur Jeeter."

Un silence bardé de piquants suivit. "Je croyais que vous parliez d'un homme mort", dit-il très froidement. "Maintenant vous dites qu'il vous a tiré dessus."

"C'était avant qu'il ne soit mort", dis-je "Georges vous racontera, Georges ... "

"Venez ici immédiatement", hurla-t-il dans le téléphone. "Immédiatement, vous m'entendez ? immédiatement !"

---

4. **frail** : *fragile, frêle* ; *faible, délicat.*
5. **cop** : cf. p. 57.
6. **by all means** : *bien sûr, mais certainement* ; **by means of** , *au moyen de, par le biais de, à force de* ; **to mean**, 1. (ici) *vouloir dire, signifier*. 2. *avoir l'intention de.*
7. **a stiff** : 1. (ici) *cadavre, macchabée*. 2. *poivrot*. 3. *vagabond, clochard*. 4. *type, mec*. 5. *raté.*
8. **to bother** : 1. (ici) *gêner, ennuyer, harceler*. 2. *se donner la peine* ; **don't bother about me**, *ne vous en faites pas pour moi.*

'George will tell you,' I said softly and hung up - in his face.

George looked at me coldly. He stood up and put his cap on. 'O.K., pal[1],' he said. 'Maybe some day I can put you on to a soft thing[2].' He started for the door.

'It had to be that way. It's up to him[3]. He'll have to decide.'

'Nuts,' George said, looking back over his shoulder. 'Save your breath, shamus[4]. Anything you say to me is just so much noise in the wrong place.'

He opened the door, went out, shut it, and I sat there still holding the telephone, with my mouth open and nothing in it but my tongue and a bad taste on that.

I went out to the kitchen and shook the Scotch bottle, but it was empty. I opened some rye[5] and swallowed a drink and it tasted sour[6]. Something was bothering me. I had a feeling it was going to bother me a lot more before I was through[7].

They must have missed George by a whisker[8]. I heard the elevator come up again almost as soon as it had stopped going down. Solid steps grew louder along the hallway. A fist hit the door. I went over and opened it.

One was in brown, one in blue, both large, hefty[9], and bored[10].

The one in brown pushed his hat back on his head with a freckled[11] hand and said : 'You John Dalmas ?'

'Me,' I said.

They rode[12] me back into the room without seeming to.

---

1. **pal** : *ami, copain, pote;* syn. **buddy, chum**.
2. **a soft thing** : (fam.) *chose facile* ; *filon*.
3. **it's up to him** : *cela dépend de lui, c'est à lui de..., ça ne tient qu'à lui.*
4. **shamus** : 1. (US. sl.) *flicard*, *poulet*, le plus souvent *privé* (parfois écrit **shammus, shommus**) ; vient, sans doute, d'un mélange du yiddish **shamos**, *gardien, concierge,* et du prénom irlandais **Seamus**, utilisé parfois pour désigner un agent en uniforme.
2. *indic, mouchard.*

"Georges vous racontera", dis-je, doucement, en lui raccrochant au nez.

Georges me regarda avec froideur. Il se leva et mit sa casquette. "O.K. l'ami", dit-il. "Peut-être qu'un jour je pourrai vous brancher sur un filon." Il se dirigea vers la porte.

"Pouvais pas faire autrement. Ça dépend de lui. Il faudra qu'il décide."

"Tu parles !" dit Georges, regardant par-dessus son épaule. "Economisez votre souffle, flicard. Tout ce que vous me direz, c'est autant de bruit là où il ne faut pas."

Il ouvrit la porte, sortit, la referma, et je restai assis tenant toujours le téléphone, la bouche ouverte, et rien dedans, à part ma langue avec un mauvais goût.

J'allai dans la cuisine et secouai la bouteille de scotch, mais elle était vide. J'ouvris un whisky de seigle, avalai une gorgée qui me parut aigre. Quelque chose me tracassait. J'avais l'impression que ça allait me tracasser un bon moment, avant que j'en finisse.

Ils avaient dû rater Georges d'un poil. J'entendis l'ascenseur monter à nouveau, presque aussitôt qu'il se fut arrêté en bas. Un bruit de pas solides augmenta le long du couloir de l'étage. Un poing cogna à ma porte. J'allai ouvrir.

L'un était en marron, l'autre en bleu, tous deux grands et costauds, avec l'air de s'ennuyer.

Celui en marron repoussa son chapeau sur sa nuque d'une main couverte de tâches de rousseur et dit : "C'est vous, John Dalmas ?"

"C'est moi", dis-je.

Ils me repoussèrent dans ma chambre, sans en avoir l'air.

---

5. **rye** : whisky à base de seigle.
6. **tasted sour** : *aigre, acide* ; *tourné* ; **sour mood,** *humeur revêche.*
7. **to be through** : *avoir fini* ; **he's through with boxing !** *la boxe c'est fini pour lui !*
8. **whisker** : 1. (ici) *poil.* 2. **whiskers,** *favoris* ; *moustache.*
9. **hefty** : *costaud, massif, lourd* ; **a hefty sum,** *une grosse somme.*
10. **bored** : **to bore,** 1. *assommer, ennuyer, raser.* 2. *percer, creuser, forer.*
11. **freckled** : *couvert(e) de taches de rousseur* ; **freckle,** *tache de rousseur.*
12. **to ride back** : **back** indique l'idée de pousser qn vers l'intérieur, **to ride,** le mouvement en avant.

The one in blue shut the door. The one in brown palmed[1] a shield[2] and let me catch a glint of the gold and enamel.

'Finlayson, Detective-Lieutenant, working out of Central Homicide,' he said. 'This is Sebold, my partner. We're a couple of swell[3] guys not to get funny with. We hear you're kind of sharp[4] with a gun.'

Sebold took his hat off and dusted his salt-and-pepper hair back with the flat of his hand. He drifted[5] noiselessly out to the kitchen.

Finlayson sat down on the edge of a chair and flicked[6] his chin with a thumbnail as square as an ice cube and yellow as a mustard plaster. He was older than Sebold, but not so good-looking. He had the frowsy[7] expression of a veteran[8] cop who hadn't got very far.

I sat down. I said : 'How do you mean, sharp with a gun ?'

'Shooting people is how I mean.'

I lit a cigarette. Sebold came out of the kitchen and went into the dressing-room behind the wall-bed[9].

'We understand you're a private-licence guy,' Finlayson said heavily.

'That's right.'

'Give.' He held his hand out. I gave him my wallet. He chewed[10] it over and handed it back. 'Carry a gun,'

I nodded. He held out his hand for it. Sebold came out of the dressing-room. Finlayson sniffed at the Lüger, snapped[11] the magazine out, cleared[12] the breech and held the gun so that a little light shone up through the magazine opening into the breech[13] end of the barrel.

---

1. **to palm** : m. à m. *cacher dans le creux de la main* ; **palm**, *paume*.
2. **shield** : 1. (ici) *écusson, insigne*. 2. *bouclier, écran protecteur* ; **to shield** : *protéger, mettre à l'abri*.
3. **swell** : *chouette, épatant* .cf. p. 28
4. **sharp** : 1. (ici) *vif, adroit, dégourdi*. 2. *pointu, aiguisé*.
5. **to drift** : 1. (ici) *faire mouvement, se déplacer d'une allure nonchalante*. 2. *dériver*.

Celui en bleu ferma la porte. L'autre, en marron, me laissa entrevoir l'éclat or émaillé d'un insigne dans la paume de sa main.

"Lieutenant détective Finlayson, de la Brigade criminelle", dit-il, "et voici Sebold, mon adjoint. On est deux gars épatants avec qui faut pas rigoler. Paraît que vous êtes dégourdi avec un flingue."

Sebold enleva son chapeau et du plat de la main se lissa les cheveux poivre et sel jusqu'en arrière. Nonchalamment, il se dirigea sans bruit vers la cuisine.

Finlayson s'assit sur le bord d'une chaise et s'effleura le menton avec un pouce aussi carré qu'un cube de glace et jaune comme un cataplasme à la moutarde. Il était plus âgé que Sebold mais moins bien de sa personne. Il avait l'expression rassise du vieux flic qui n'a pas eu d'avancement.

Je m'assis. "Qu'est-ce que vous voulez dire, dégourdi avec un flingue ?"

"Descendre les gens, voilà ce que je veux dire."

J'allumai une cigarette. Sebold sortit de la cuisine et se dirigea vers le cabinet de toilette derrière le lit en alcôve.

"Nous croyons comprendre que vous êtes un type avec une licence de détective privé", fit Finlayson pesamment.

"C'est exact."

"Montrez." Il tendit la main. Je lui passai mon portefeuille. Il médita dessus et me le rendis. "Vous portez une arme ?"

Je fis oui de la tête. Il tendit la main pour le récupérer. Sebold sortit du cabinet de toilette. Finlayson renifla le Lüger, fit sauter le chargeur, dégagea la culasse et tint le pistolet de façon qu'un rayon de lumière passe à travers l'ouverture du chargeur jusqu'au bout du canon, côté culasse.

---

6. **to flick** : indique un mouvement léger, ici, *effleurer* ; *donner une pichenette*.
7. **frowsy = frowzy** : *renfermé, peu soigné, rassis.*
8. **veteran** : 1. (adj.) *chevronné, expérimenté* . 2. (n.) *vétéran, ancien combattant.*
9. **wall-bed** : = **recess bed** ; **recess**, *alcôve, niche, renfoncement*
10. **to chew** : 1. ici (fam.) *ruminer, méditer*. 2. *mâcher, mastiquer*.
11. **to snap out** : *faire sortir* (d'un coup sec) ; **to snap** : 1. *claquer, faire un bruit sec*. 2. *dire d'un ton sec*. 3. *se rompre, casser avec un bruit sec*.
12. **to clear** : 1. (ici) *dégager, débarrasser*. 2. *clarifier*. 3. *disculper*.
13. **breech** : 1. (ici) *culasse*. 2. **breeches**, *culotte* (de cheval).

He looked down the muzzle[1], squinting[2]. He handed the gun to Sebold, Sebold did the same thing.

'Don't think so,' Sebold said. 'Clean, but not that clean[3]. Couldn't have been cleaned within the hour. A little dust.'

'Right.'

Finlayson picked the ejected shell[4] off the carpet, pressed it into the magazine and snapped[5] the magazine back in place. He handed me the gun. I put it back under my arm.

'Been out anywhere to-night ?' he asked tersely[6].

'Don't tell me the plot[7],' I said. 'I'm just a bit-player[8].'

'Smart guy,' Sebold said dispassionately. He dusted his hair again and opened a desk drawer. 'Funny stuff. Good for a column. I like 'em[9] that way - with my blackjack.'

Finlayson sighed. 'Been out to-night, shamus?'

'Sure. In and out all the time. Why ?'

He ignored the question. 'Where you been ?'

'Out to dinner. Business call or two.'

'Where at ?'

'I'm sorry, boys. Every business has its private files[10].'

'Had company, too,' Sebold said, picking up George's glass and sniffing it. 'Recent - within the hour.'

'You're not that good,' I told him sourly.

'Had a ride in a big Caddy[11] ?' Finlayson bored on[12], taking a deep breath. 'Over West L.A. direction?'

'Had a ride in a Chrysler[13] - over Vine Street direction.'

'Maybe we better just take him down,' Sebold said, looking at his finger-nails.

---

1. **muzzle** : 1. *gueule, bouche* (revolver). 2. *museau.*
2. **to squint** : *loucher* ; **squint,** *strabisme, regard de côté.*
3. **not that clean** : emploi adverbial de **that**, *si, aussi, autant, à ce point.*
4. **shell** : 1. (ici) *balle, cartouche, obus.* 2. *coquille, coquillage, carapace.* 3. *carcasse, coque.*
5. **to snap back** : **back** indique l'idée de remise en place de la balle ; **snap,** le mouvement sec avec lequel elle s'opère.
6. **tersely** : *laconiquement* ; **terse,** *concis, laconique.*

Il regarda dedans en louchant, puis passa l'engin à Sebold qui fit de même.

"Je ne crois pas", dit Sebold. "Propre, mais pas à ce point. N'a pas pu être nettoyé dans l'heure. Reste un peu de poussière."

"Juste."

Finlayson ramassa la balle éjectée sur le tapis, la relogea dans le chargeur et d'un coup sec remis ce dernier en place. Il me tendit l'arme. Je la remis sous mon aisselle.

"Sorti ce soir ?" dit-il, plutôt concis.

"Me racontez pas toute l'intrigue", dis-je. "Je ne suis qu'un figurant."

"Un petit malin", dit Sebold sans passion. Il lissa à nouveau ses cheveux et ouvrit un tiroir de bureau. "Amusant comme histoire. Bon pour un journal. J'les aime comme ça, au bout de ma matraque."

Finlayson soupira. "Sorti ce soir, poulet ?"

"Sûr. Pas cessé de sortir et de rentrer. Pourquoi ?"

Il ignora ma question. "V'zêtes allé où ?"

"Sorti dîner. Et une ou deux visites d'affaires."

"Où ça ?"

"Désolé, les gars. Chaque affaire a son côté privé."

"L'a eu de la compagnie aussi", dit Sebold, se saisissant du verre de Georges et le reniflant. "Récemment - y a moins d'une heure."

"Vous n'êtes pas si bon", dis-je aigrement.

"V'zavez fait un tour dans une grosse Cad ?" poursuivit Finlayson, en prenant son inspiration. "Direction Los Angeles Ouest ?"

"Fait un tour en Chrysler - vers Vine Street."

"Peut-être qu'on ferait bien de l'embarquer", fit Sebold en se regardant les ongles.

---

7. **plot** : 1. (ici) *intrigue, histoire*. 2. *complot*. 3. *terrain, lotissement*.
8. **bit-player** : (sl.) *petit rôle* ; *figurant* ; *extra*.
9. **I like'em** : = **I like them**.
10. **private files** : m.à m. *ses dossiers privés*.
11. **Caddy** : abrégé de **Cadillac**, marque d'automobile et société créée par le constructeur Leland, du nom du fondateur de la ville de Detroit, Antoine de la Mothe Cadillac (1658-1730).
12. **bored on** : m. à m. *continua à creuser* (ou *forer*) v. p. 95.
13. **Chrysler** : marque d'automobile, créée par Walter Percy Chrysler (1875-1940).

'Maybe you better skip[1] the gang-buster[2] stuff and tell me what's stuck in your nose. I get along with cops - except when they act as if the law is only for citizens.'

Finlayson studied me. Nothing I had said made an impression on him. Nothing Sebold said made any impression on him. He had an idea and he was holding it like a sick baby.

'You know a little rat[3] named Frisky Lavon ?' he sighed. 'Used to be a dummy-chucker[4], then found out he could bug his way outa raps[5]. Been doing that for say twelve years. Totes[6] a gun and acts simple[7]. But he quit[8] acting to-night at seven-thirty about. Quit cold - with a slug in his head.'

'Never heard of him,' I said.

'You bumped[9] anybody off to-night ?'

'I'd have to look at my notebook.'

Sebold leaned forward politely. 'Would you care for a smack[10] in the kisser[11] ?' he inquired.

Finlayson held his hand out sharply. 'Cut it, Ben. Cut it. Listen, Dalmas. Maybe we're going at this wrong. We're not talking about murder. Could have been legitimate. This Frisky Lavon got froze[12] off to-night on Calvello Drive in Bel-Air. Out in the middle of the street. Nobody seen or heard anything. So we kind of want to know.'

'All right,' I growled. 'What makes it my business ? and keep that piano tuner out of my hair. He has a nice suit and his nails are clean, but he bears down on his shield too hard.'

'Nuts to you[13],' Sebold said.

---

1. **to skip** : (ici) *sauter, passer, laisser tomber*.
2. **buster** (sl.) : 1. (ici) *briseur, bousilleur, destructeur, chasseur* ; 2. *fêtard, noceur*. 3. *boxeur*. 4. *arme* (gourdin, flingue, etc.) 5. **hi, buster !** *salut, mec !* (*mon pote !*).
3. **rat** (sl.) : 1. (ici) *petite frappe, petit salopard*. 2. *indic*. 3. '*jaune*'.
4. **dummy-chucker** : celui qui se fait passer pour malade ; **to chuck a dummy** : *se faire porter "pâle", s'allonger* (boxe).
5. **bug his way outa raps** : **to bug**, ici (sl.) *corrompre, acheter* ; syn. **to bribe** ; ❒ **outa = out of** ❒ **rap** : ici (sl.) *condamnation*.

"Vous feriez bien peut-être d'en finir avec votre numéro de briseurs de gang et de me dire ce qui vous tracasse. Je m'entends bien avec les flics - sauf quand ils se conduisent comme si la loi n'était faite que pour les civils."

Finlayson m'examina. Rien de ce que j'avais dit n'avait fait impression sur lui. Rien non plus de ce qu'avait dit Sebold. Il avait son idée et il ne la lâchait pas, comme on le fait avec un bébé malade.

"Vous connaissez une petite frappe nommée Frisky Lavon ?" soupira-t-il. "A d'abord joué au malade, puis a découvert qu'il pouvait raquer pour éviter de 'tomber.' A fait ça pendant environ douze ans. Trimbale un pétard et joue au simplet. Mais il a arrêté son numéro ce soir à environ 19 h 30. Il a mis les pouces, tout froid avec un pruneau dans la tête."

"Jamais entendu parler de lui", fis-je.

"Vous avez descendu quelqu'un ce soir ?"

"Il faudrait que je regarde mon agenda."

Sebold se pencha et, poliment, me demanda : "Vous n'auriez pas envie d'un marron sur la tronche ?"

Finlayson leva la main vivement. "La ferme, Ben. La ferme. Ecoutez, Dalmas, peut-être qu'on fait fausse route. On ne parle pas d'assassinat. Ça a pu être de la légitime défense. Ce Frisky Lavon s'est fait refroidir ce soir dans Calvello Drive à Bel Air. Dehors au beau milieu de la rue. Personne a rien vu ni entendu. Alors, nous, on veut savoir un peu."

"Soit", grognai-je "En quoi ça me regarde ? Et dégagez de ma vision cet accordeur de piano. Il a un beau costume et des ongles propres, mais il compte trop sur son insigne."

"Tocard", fit Sebold.

---

6. **to tote** : (US. sl.) *porter, trimbaler.*
7. **to act simple** : *jouer à l'idiot.*
8. **to quit** : 1. (US) = **to stop**, *cesser, arrêter.* 2. *quitter, s'en aller* 3. *démissionner.*
9. **to bump off** : : *buter.* (cf. p. 56).
10. **smack** : 1. ici (sl.) *marron, gnon.* 2. *claque, gifle.* 3. *bruit sec, claquement.*
11. **kisser** : (fam.) *gueule, tronche, poire.*
12. **froze off** : prétérit de **to freeze off** (sl.), *se faire éliminer, refroidir.*
13. **nuts to you** : équivalent, en moins fort, de *merde !*

'We got a funny phone call,' Finlayson said. 'Which is where you come in. We ain't[1] just throwing our weight around. And we want a forty-five. They ain't sure what kind yet.'

'He's smart. He threw it under the bar at Levy's,' Sebold sneered.

'I never had a forty-five,' I said. 'A guy who needs that much gun ought to use a pick.'

Finlayson scowled[2] at me and counted his thumbs. Then he took a deep breath and suddenly went human on me. 'Sure, I'm just a dumb[3] flatheel[4],' he said. 'Anybody could pull my ears off and I wouldn't even notice it. Let's all quit horsing[5] around and talk sense.

This Frisky was found dead after a no-name[6] phone call to West L.A. police. Found dead outside a big house belonging to a man named Jeeter who owns a string[7] of investment companies. He wouldn't use a guy like Frisky for a penwiper, so there's nothing in that. The servants there didn't hear nothing[8], nor the servants at any of the four houses[9] on the block. Frisky is lying in the street and somebody run over[10] his foot, but what killed him was a forty-five slug smack[11] in his face.

West L.A. ain't hardly started the routine when some guy calls up Central and says to tell Homicide[12] if they want to know who got Frisky Lavon, ask a private eye[13] named John Dalmas, complete with address and everything, then a quick hang-up[14].'

---

1. **ain't** : (fam.) pour **are not**.
2. **to scowl** : *se renfrogner, prendre un air maussade, froncer les sourcils, faire la grimace.*
3. **dumb** : 1. (US) *andouille, crétin, idiot* ; **dumb-ass**, *con.* 2. *bêta, nigaud.* 3. *muet.*
4. **flatheel = flatfoot** : (US sl.) *flic* ; m. à m. *je ne suis qu'un flic stupide* ; également *raseur.*
5. **to horse around** : cf. p. 20-21.
6. **no-name = anonymous** : *anonyme.*
7. **string** : 1. (ici) *chaîne.* 2. *ficelle, cordon.* 3. *chapelet* ; *rang.*

"On a reçu un drôle de coup de téléphone", dit Finlayson. "C'est là que vous entrez dans le tableau. Nous ne sommes pas là pour faire de l'esbroufe. Nous cherchons un calibre 45 - ils ne sont pas encore sûrs de la marque."

"C'est un malin. Il l'a planqué sous le bar chez Levy's", ricana Sebold.

"Je n'ai jamais eu de 45", dis-je. "Un type qui a besoin d'un aussi gros flingue devrait se servir d'une pioche."

Finlayson fronça les sourcils et se mit à compter ses pouces. Puis il prit une inspiration profonde et devint soudain humain : "Sûr, je ne suis qu'un flic bouché", dit-il, "N'importe qui pourrait me faucher mes oreilles sans que je m'aperçoive de rien. Arrêtons-nous tous de faire joujou et parlons sérieusement.

On a trouvé ce Frisky mort après un coup de fil anonyme à la police de Los Angeles Ouest. Trouvé mort devant une grande demeure appartenant à un nommé Jeeter, propriétaire d'une chaîne de sociétés d'investissement. Il n'utiliserait pas un type comme Frisky, même pour essuyer son stylo. Donc rien à creuser de ce côté. Les domestiques n'ont rien entendu, pas plus que ceux des quatre maisons du bloc. Frisky était étendu dans la rue et une voiture lui est passé sur le pied, mais ce qui l'a tué, c'est un pruneau en plein milieu du visage.

Los Angeles Ouest avait à peine commencé l'enquête de routine qu'un type appelle le Central et conseille de dire à la Criminelle que s'ils veulent savoir qui a descendu Frisky Lavon, ils n'ont qu'à demander à un privé nommé John Dalmas. Après avoir donné l'adresse complète, il raccroche vite fait."

---

8. **didn't hear nothing** (fam.) : double négation qui s'annulerait en anglais standard. On devrait avoir **didn't hear anything**.
9. **at any of the four houses** : m. à m. *à n'importe laquelle des quatre maisons*.
10. **block** : cf. p. 40.
11. **to run over** : 1. (ici) *écraser*. 2. *revoir*, *répéter* (rôle). 3. *passer*, *faire un saut*. 4. *déborder*.
12. **smack** : cf. p. 101.
13. **Homicide** : *homicide*, *meurtre*, *assassinat*. Ici désigne la Brigade criminelle.
14. **private eye** : *détective privé* ; syn. **sleuth**.
15. **hang-up** : 1. (ici) fait de raccrocher le téléphone ; **to hang up**, *raccrocher*. 2. *contretemps* ; '*os*'.

'O.K. The guy on the board[1] gives me the dope[2] and I don't know Frisky from a hole in my sock[3], but I ask Identification and sure enough they have him and just about the time I'm looking it over, the flash comes from West L.A. and the description seems to check[4] pretty close. So we get together and it's the same guy all right and the chief of detectives has us drop around here. So we drop around.'

'So here you are,' I said. 'Will you have a drink ?'

'Can we search the joint[5], if we do ?'

'Sure. It's good lead[6] - that phone call, I mean - if you put in about six months on it.'

'We already got that idea,' Finlayson growled. 'A hundred guys could have chilled[7] this little wart[8], and two-three of them maybe could have thought it was a smart rib[9] to pin[10] it on you. Them two-three is what interests us.'

I shook my head.

'No ideas at all, huh ?'

'Just for wisecracks[11],' Sebold said.

Finlayson lumbered[12] to his feet. 'Well, we gotta look around.'

'Maybe we had ought[13] to have brought a search warrant[14],' Sebold said, tickling his upper lip with the end of his tongue.

'I don't *have* to fight this guy, do I ?' I asked Finlayson. 'I mean, is it all right if I leave him his gag lines and just keep my temper ?'

Finlayson looked at the ceiling and said drily : 'His wife left him day before yesterday. He's just trying to compensate, as the fellow says.'

---

1. **board** : (ici) *le centre d'information, tableau de bord.*
2. **dope** : 1. (ici) *tuyau, information.* 2. *drogue, 'dope'.*
3. **in my sock** : m.à m. *je ne connais pas Frisky (plus) qu'un trou dans ma chaussette.*
4. **to check** : 1. (ici) *correspondre, s'accorder.* 2. *vérifier.*
5. **joint** : 1. (US. sl.) *les lieux*, en fait n'importe quel type d'endroit, *pièce, bâtiment*, etc. 2. (US. sl.) *boîte* ; syn. **saloon**, **nightclub**, **speakeasy**. 3. (US. sl.) *joint* (marijuana). 4. *articulation.*

"O.K. Le type au Central me passe le tuyau. Je n'avais jamais entendu parler de Frisky, mais je me renseigne aux Services d'identification et pour sûr il y figure. Et juste quand j'examine sa fiche, la nouvelle m'arrive de Los Angeles Ouest et la description du cadavre paraît y correspondre de très près. Alors on se rencontre et c'est bien le même bonhomme et le chef nous envoie ici rappliquer. Alors on rapplique."

"Et vous voici", dis-je. "Vous prendrez un verre ?"

"On peut fouiller la baraque, si on accepte ?"

"Sûr. C'est une bonne piste - je parle du coup de fil - si vous passez six mois dessus !"

"On y a déjà pensé", grogna Finlayson. "Une centaine de types aurait pu refroidir cette petite frappe, et deux ou trois d'entre eux pourraient avoir pensé que c'était une blague astucieuse de vous filer le bébé. Ce sont ces deux ou trois là qui nous intéressent."

Je secouai la tête.

"Pas la moindre idée, alors ?"

"Juste bon pour des vacheries", lança Sebold.

Finlayson se mit sur pied lourdement. "Bien, on va jeter un coup d'œil."

"Peut-être, l'aurait fallu qu'on apporte un mandat de perquisition", dit Sebold, en se chatouillant la lèvre supérieure du bout de la langue.

"Je ne suis pas obligé de me battre avec ce type, n'est-ce pas ?" demandai-je à Finlayson. "Je veux dire, est-ce bien si je lui laisse faire ses répliques comiques et que je reste calme ?"

Finlayson leva les yeux au plafond et dit sèchement : "Sa femme l'a quitté avant-hier. Il cherche simplement à compenser, comme on dit."

---

6. **lead** : 1. (ici) *piste*. 2. *tête*. 3. *initiative*. 4. *rôle principal*.
7. **to chill** : 1. ici (sl.) *descendre, refroidir*. 2. *mettre au frais*.
9. **wart** : 1. ici (sl.) *frappe, peste*. 2. *verrue*.
8. **rib** : 1. ici (sl.) *blague* ; **to rib = to make fun of**. 2. plus souvent, *côte* ; **sparerib**, *côte de porc*. 3. *nervure, armature, support*.
10. **to pin** : 1. (ici) *mettre sur le dos*. 2. *épingler*.
11. **wisecrack** : *bon mot, plaisanterie facile* (et méchante).
12. **to lumber** : 1. (ici) *marcher lourdement*. 2. *encombrer*. 3. *débiter (bois)* ; **lumber**, *vieux meuble* ; (US) *bois de charpente*.
13. **had ought** : incorrect ; on devrait avoir **we should have**.
14. **warrant** : 1. (ici) *mandat*. 2. *garantie*. 3. *autorisation*.

Sebold turned white and twisted[1] his knuckles[2] savagely[3]. Then he laughed shortly and got to his feet.

They went at it. Ten minutes of opening and shutting drawers and looking at the backs of shelves and under seat cushions and letting the bed down and peering[4] into the electric refrigerator and the garbage pail fed[5] them up.

They came back and sat down again. 'Just a nut[6] Finlayson said. 'Some guy that picked your name outa the directory maybe. Could be anything.'

'Now I'll get that drink.'

'I don't drink,' Sebold snarled[7].

Finlayson crossed his hands on his stomach. 'That don't mean any liquor gets poured[8] in the flower pot, son.'

I got three drinks and put two of them beside Finlayson. He drank half of one of them and looked at the ceiling. 'I got another killing, too,' he said thoughtfully. 'A guy in your racket[9], Dalmas. A fat guy on Sunset. Name of Arbogast. Ever hear[10] of him ?'

'I thought he was a handwriting expert,' I said.

'You're talking about police business,' Sebold told his partner coldly.

'Sure. Police business that's already in the morning paper. This Arbogast was shot three times with a twenty-two. Target[11] gun. You know any crooks[12] that pack[13] that kind of heat[14] ?'

I held my glass tightly and took a long slow swallow. I hadn't thought Waxnose looked dangerous enough, but you never knew.

---

1. **to twist** : 1. *tordre*. 2. *déformer, dénaturer*.
2. **knuckle** : 1. (ici) *articulation du doigt*. 2. *jointure*. 3. *jarret*.
3. **savagely** : *furieusement, sauvagement*.
4. **to peer** : *scruter, dévisager* ; **peering** : *inquisiteur*.
5. **to be fed up** : *être rassasié, en avoir assez, plein le dos*.
6. **nut** : cf. 89.
7. **to snarl** : *grogner, gronder, montrer les dents*.
8. **to pour** : 1. (ici) *verser*. 2. *couler, se déverser, ruisseler*. 3. *affluer*.

Sebold pâlit et se tordit les phalanges avec rage. Puis il eut un rire bref et se leva.

Ils s'y mirent. Dix minutes à ouvrir et fermer les tiroirs, à regarder derrière les étagères et sous les coussins des sièges, à défaire les lits et à jeter un œil dans le frigo et le seau à ordures, et ils en eurent marre.

Ils revinrent s'asseoir. "Encore un dingue", dit Finlayson. "Un type quelconque qu'a piqué sans doute votre nom dans l'annuaire. N'importe quoi."

"Maintenant, je vais boire ce verre."

"Je ne bois pas", fit Sebold d'un ton hargneux.

Finlayson croisa les mains sur l'estomac. "Ça ne veut pas dire qu'on versera ta bibine dans le pot de fleurs, fiston."

J'apportai trois verres et en posai deux près de Finlayson. Il en but la moitié d'un et leva les yeux au plafond. "J'ai un autre meurtre, aussi", dit-il pensivement. "Un type dans le même racket que vous, Dalmas. Un gros type sur Sunset. Un nommé Arbogast. Jamais entendu parler de lui ?"

"Je croyais que c'était un expert en autographes", dis-je.

"Tu es en train de lui parler d'affaires maison", dit Sebold d'un ton froid à son partenaire.

"Vraiment. Une affaire maison qui est déjà dans la presse du matin. Cet Arbogast a reçu trois balles de calibre 22. Une arme de tir à la cible. Vous connaissez des voyous qui trimballent ce genre de feu ?"

Je tins mon verre bien serré et but lentement une longue gorgée. Je n'avais pas eu l'impression que Waxnose était dangereux, mais sait-on jamais.

---

9. **racket** : cf. p. 52.
10. **to hear of** : *entendre parler de.* ❐ **to hear from**, *avoir des nouvelles de.*
11. **target** : *cible, but, objectif* ; **dead on target !** *dans le mille ! pile !*
12. **crook** : 1. (ici) *voyou.* 2. *escroc, filou* ; **to crook,** *escroquer* ; **crooked,** 1. *malhonnête.* 2. *de travers.* 3. *courbé.* 4. *tortueux.*
13. **to pack** : 1. ici (sl.) *porter une arme.* 2. (sl.) *frapper, cogner.* 3. *emballer, empaqueter, faire ses valises.* 4. *entasser.*
14. **heat** : 1. *chaleur.* 2. ici (sl.) *feu, revolver* ; **to give the heat** , *tuer d'un coup de feu.*

'I did,' I said slowly. 'A killer named Al Tessilore. But he's in Folsom[1]. He used a Colt Woodsman.'

Finlayson finished the first drink, sued[2] the second in about the same time, and stood up. Sebold stood up, still mad[3].

Finlayson opened the door. 'Come on, Ben.' They went out.

I heard their steps along the hall, the clang[4] of the elevator once more. A car started just below in the street and growled[5] off into the night.

'Clowns[6] like that don't kill,' I said out loud. But it looked as if they did.

I waited fifteen minutes before I went out again. The phone rang while I was waiting, but I didn't answer it.

I drove towards the El Milano and circled around enough to make sure I wasn't followed.

6

The lobby hadn't changed any. The blue carpet still tickled[7] my ankles when I ambled[8] over to the desk, the same pale clerk was handing a key to a couple of horse-faced females in tweeds, and when he saw me he put his weight on his left foot again and the door at the end of the desk popped[9] open and out popped the fat and erotic Hawkins, with what looked like the same cigar stub[10] in his face.

He hustled[11] over and gave me a big warm smile this time, took hold of my arm. 'Just the guy I was hoping to see,' he chuckled[12]. 'Let us go upstairs a minute.'

---

1. **Folsom** : sous-entendu *prison de Folsom.*
2. **to sue** : ici (sl.) = **to swallow,** *avaler* ; '*sécher*'. 2. *poursuivre en justice, intenter un procès, engager des poursuites.*
3. **mad** : 1. (ici) *en colère, fâché, furieux.* 2. *fou,* **to drive s.o. mad,** *rendre qn fou.* 3. *entiché* ; **to be mad on TV,** *être fou de télévision.*
4. **clang** : *bruit métallique, bruit qui retentit* ; **to clang,** *retentir.*

"J'en ai connu", dis-je lentement. "Un tueur nommé Al Tessilore. Mais il est à Folsom. Il utilisait un colt Woodsman."

Finlayson acheva le premier verre, assécha le second en moins de deux et se leva. Sebold en fit de même, toujours fâché.

Finlayson ouvrit la porte. "Viens, Ben." Ils sortirent. J'entendis leurs pas dans le couloir, puis une fois de plus le son métallique de l'ascenseur. Une voiture démarra, juste au-dessous dans la rue et s'éloigna en grondant dans la nuit.

"Des clowns comme ça ne tuent pas", fis-je tout haut. Mais il semblait bien que si.

J'attendis un quart d'heure avant de ressortir. Le téléphone sonna pendant que j'attendais mais je ne répondis pas.

Je partis en voiture à l'El Milano en faisant assez de détours pour être sûr de ne pas être suivi.

6

L'entrée n'avait changé en rien. La moquette bleue me chatouillait les chevilles alors que je me dirigeais d'un pas tranquille vers le bureau, où le même employé blême remettait une clé à deux femmes à visage chevalin, vêtues de tweed. Lorsqu'il me vit, il porta à nouveau son poids sur son pied gauche et la porte située à l'extrémité du bureau s'ouvrit brusquement et en surgit le gros et érotique Hawkins, avec, à la bouche, ce qui ressemblait au même bout de cigare.

Il fonça vers moi et m'accorda cette fois un sourire large et chaleureux; il me prit par le bras. "Tout juste le gars que j'espérais voir", gloussa-t-il. "Montons une minute."

---

5. **to growl off** : **off** indique l'action de s'éloigner, et **growl**, la manière dont cela s'opère, c.à d. *en grondant*.
6. **clown** : 1. (ici) *bouffon, clown, pitre*. 2. *paysan, rustre*.
7. **to tickle** : 1. (ici) *chatouiller*. 2. (US. fam.) **to tickle the ivories**, *jouer du piano*.
8. **to amble** : 1. (ici) *aller, marcher* (d'un pas tranquille). 2. *aller à l'amble* (cheval).
9. **popped open** : **open** indique l'action d'ouvrir et **pop** la façon dont cela se fait (*brusquement* ; **to pop**, *éclater, faire un bruit sec*.
10. **stub** : 1. (ici) *mégot, bout* (de cigare). 2; *tronçon*.
11. **to hustle (over)** : 1. (ici) *se presser* (vers). 2. *se dépêcher*.
12. **to chuckle** : 1. (ici) *glousser*. 2. *rire tout bas, sous cape* ; **chuckle** 1. *gloussement*. 2. *petit rire*.

'What's the matter ?'

'Matter ?' His smile became broad as the door to a two-car garage. 'Nothing ain't the matter[1]. This way.'

He pushed me into the elevator and said 'Eight' in a fat cheerful voice and up[2] we sailed and out we got and slid along the corridor. Hawkins had a hard hand and knew where to hold an arm. I was interested enough to let him get away with it. He pushed the buzzer beside Miss Huntress's door and Big Ben[3] chimed inside and the door opened and I was looking at a deadpan[4] in a derby hat[5] and a dinner coat[6]. He had his right hand in the side pocket of the coat, and under the derby a pair of scarred[7] eyebrows and under the eyebrows a pair of eyes that had as much expression as the cap[8] on a gas tank[9].

The mouth moved enough to say : 'Yeah ?'

'Company[10] for the boss,' Hawkins said expansively.

'What company ?'

'Let me play too,' I said. 'Limited liability company. Gimme[11] the apple[12].'

'Huh ?' The eyebrows went this way and that and the jaw came out. 'Nobody ain't kiddin[13]' nobody, I hope.'

'Now, now, gents -' Hawkins began.

A voice behind the derby-hatted man interrupted him. 'What's the matter, Beef ?'

'He's in a stew[14],' I said.

---

1. **Nothing ain't the matter** : double négation incorrecte.
2. **up we sailed and out we got** : noter le placement devant le sujet des postpositions adverbiales **up** et **out**, qui renforce l'enchaînement des mouvements.
3. **Big Ben** : cloche du Parlement anglais, à Londres.
4. **deadpan** : (sl.) *visage impassible, pince-sans-rire*.
5. **derby-hat** (US) : *chapeau melon* ; (GB) **bowler hat**.
6. **dinner-coat** : *smoking*. syn. (US), **tuxedo**.
7. **to scar** : *marquer d'une cicatrice, balafrer* ; **Scarface**, surnom d'Al Capone, gangster du Chicago des années 30.

"Qu'est-ce qui se passe ?"

"Ce qui se passe ?" Son sourire devint aussi vaste que la porte d'un garage à deux voitures. "Y se passe rien. Par ici."

Il me poussa dans l'ascenseur, dit "Huitième", d'une voix grasse et pleine d'entrain ; nous appareillâmes vers les étages, puis sortîmes et nous propulsâmes dans le corridor. Hawkins avait une poigne solide et savait comment maintenir un bras. J'étais assez intéressé pour le laisser faire. Il appuya sur le bouton de sonnette sur le côté de la porte de Miss Huntress et le carillon de Big Ben retentit. La porte s'ouvrit et j'aperçus, sous un chapeau melon, un personnage au visage impassible, en smoking. Il tenait sa main droite dans la poche de sa veste, et sous le chapeau melon émergeaient une paire de sourcils marqués de cicatrices, et, sous les sourcils, des yeux aussi expressifs que des bouchons de réservoir d'essence.

La bouche remua suffisamment pour dire : "Ouais ?"

"De la compagnie pour le patron", fit Hawkins avec effusion.

"Quelle compagnie ?"

"Laissez-moi faire joujou aussi", dis-je. "Une compagnie à responsabilité limitée. A moi le ballon."

"Hein ?" Les sourcils remuèrent et la mâchoire s'avança. "Y a pas quelqu'un qu'est en train de se foutre de quelqu'un, j'espère."

"Allons, allons ! Messieurs !..." commença Hawkins.

Une voix derrière l'homme au chapeau melon l'interrompit.

"Que se passe-t-il, Beef ?"

"Il est en train de bouillir !" dis-je.

---

8. **cap** : 1. (ici) *bouchon, capuchon, capsule*. 2. *casquette, bonnet* **to cap**, *coiffer, recouvrir, saluer, se découvrir*.
9. **gas tank** (US) : *réservoir d'essence* ; (GB) **petrol tank**.
10. **company** : 1. (ici) *du monde, de la visite*. 2. *société;* **limited liability company**, *société à responsabilité limitée, SARL*. ❒ ici jeu de mot entre 1. et 2. ❒ 3. *compagnie, troupe* (théâtre), *équipage*. ❒ **company girl = call girl**.
11. **gimme** : **= give me.**
12. **apple** : (sl.) *ballon*.
13. **kiddin** : **= kidding.**
14. **stew** : 1. ici (fam.) *trouble* ; **to be in a stew**, *être sur des charbons ardents, être sur le gril, être dans tous ses états* 2. *ragoût* ; **to stew**, *faire cuire un ragoût, mijoter*.

'Listen, mug[1] - '

'Now, now, gents - ' as before.

'Ain't nothing the matter,' Beef said, throwing his voice over his shoulder as if it were a coil[2] of rope. 'The hotel dick got a guy up here and he says he's company.'

'Show the company in[3], Beef.' I liked this voice. It was smooth, quiet, and you could have cut your name in it with a thirty-pound sledge and a cold chisel.

'Lift the dogs[4],' Beef said, and stood to one side.

We went in. I went first, then Hawkins, then Beef wheeled[5] neatly behind us like a door. We went in so close together that we must have looked like a three-decker[6] sandwich.

Miss Huntress was not in the room. The log in the fireplace had almost stopped smouldering. There was still that smell of sandalwood on the air. With it cigarette smoke blended.

A man stood at the end of the davenport, both hands in the pockets of a blue camel's hair coat with the collar high to a black snapbrim[7] hat. A loose[8] scarf hung outside his coat. He stood motionless, the cigarette in his mouth lisping[9] smoke. He was tall, black-haired, suave, dangerous. He said nothing.

Hawkins ambled over to him. 'This is the guy I was telling you about, Mr Estel,' the fat man burbled. 'Come in earlier to-day and said he was from you. Kinda fooled[10] me.'

'Give him a ten, Beef.'

The derby hat took its left hand from somewhere and there was a bill in it.

---

1. **mug** : 1. ici (sl.) *tordu, mec, type*. 2. (sl.) *gueule, bouille, portrait* (malfaiteur) venant du sens premier de **mug**, *chope* portant un visage humain. 3. *cabotin* 4. *voyou, malfaiteur*☐ **to mug** : *attaquer* (un passant).
2. **coil** : 1. (ici) *rouleau*, **coils of hair**, *cheveux torsadés*. 2. *anneau, pli, repli*.
3. **to show in** : *faire entrer* ; **to show out** : *faire sortir*.
4. **dog** : 1. ici (US. sl.) *patte, pied*. 2. (sl.) *sale type, salopard* ;

"Dis donc, tordu "

"Allons, allons, messieurs" - redit Hawkins.

"Y s'passe rien", dit Beef, lançant sa voix par-dessus son épaule, comme si c'était un rouleau de corde. "Le flic de l'hôtel a fait monter un type et il dit que c'est de la compagnie."

"Fais entrer la compagnie, Beef." La voix me plut. Elle était calme et unie, et vous auriez pu y graver votre nom avec un burin et un marteau de trente livres."

"Remues-toi les pattes", dit Beef, qui se mit sur le côté.

Nous entrâmes. Moi d'abord, puis Hawkins, enfin Beef qui s'installa derrière nous, carrément comme une porte. Nous étions tellement serrés l'un contre l'autre que nous devions ressembler à un sandwich à trois épaisseurs.

Miss Huntress n'était pas dans la chambre. La bûche dans la cheminée avait presque arrêté de se consumer. Il y avait encore dans l'air ce parfum de santal qui se mêlait à la fumée de cigarettes.

Un homme se tenait debout de l'autre côté du canapé, les deux mains dans les poches d'un pardessus en poil de chameau bleu, dont le col relevé touchait un feutre noir. Une ample écharpe pendait sur son pardessus. Il était immobile, une cigarette aux lèvres dégageant de la fumée. Il était grand, les cheveux noirs, affable, dangereux. Il ne disait pas un mot.

Hawkins s'approcha de lui.

"C'est le type dont je vous parlais, M. Estel", gargouilla le gros bonhomme. "L'est venu plus tôt aujourd'hui en disant que c'était de votre part. M'a comme qui dirait fait marcher."

"Donne- lui dix dollars, Beef."

Le chapeau melon retira sa main gauche de quelque part et il y avait un billet dedans.

---

to go to the dogs, *aller à la ruine, mal tourner* (c.à d., à l'origine, perdre son argent aux courses de lévriers).
5. **to wheel** : m.à m. *pivoter derrière nous* (comme une porte).
6. **three-decker** : m. à m. *à trois étages* (à trois couches) ; **double-decker** : *autobus à deux étages*.
7. **snapbrim** (hat) : *chapeau de feutre* dont le bord est relevé à l'arrière et rabattu à l'avant.
8. **loose** : 1. (ici) *ample, flottant, détendu*. 2. *branlant, défait, lâché* (animal), *volante* (feuille).
9. **to lisp** : m. à m. *zézayer*.
10. **to fool** : 1. *mystifier*. 2. *faire la bête*.

It pushed the bill[1] at Hawkins. Hawkins took the bill, blushing.

'This ain't necessary, Mr Estel. Thanks a lot just the same.'

'Scram[2].'

'Huh ?' Hawkins looked shocked.

'You heard him,' Beef said truculently. 'Want your fanny[3] out the door first, huh ?'

Hawkins drew[4] himself up. 'I gotta protect the tenants[5]. You gentlemen know how it is. A man in a job like this.'

'Yeah. Scram,' Estel said without moving his lips.

Hawkins turned and went out quickly, softly. The door clicked[6] gently shut behind him. Beef looked back at it, then moved behind me.

'See if he's rodded, Beef.'

The derby hat saw if I was rodded[7]. He took the Lüger and went away from me. Estel looked casually[8] at the Lüger, back at me. His eyes held an expression of indifferent dislike[9].

'Name's John Dalmas, eh ? A private dick.'

'So what ?' I said.

'Somebody is going to get somebody's face pushed into somebody's floor,' Beef said coldly.

'Aw, keep that crap[10] for the boiler-room[11],' I told him. 'I'm sick[12] of hard guys for this evening. I said "so what,"and "so what" is what I said.'

Marty Estel looked mildly amused. 'Hell, keep[13] your shirt in. I've got to look after my friends, don't I ?

---

1. **bill** : 1. ici (US) billet. ❒ GB **note** 2. *facture, addition.* ❒ (US) **check**.3. *affiche.* 4. *traite, lettre de change.*
2. **to scram** : (US. sl.) *filer, décamper, dégager.*
3. **fanny** : (sl.) *derrière, fesses, cul.*
4. **to draw up oneself** : m. à m. *se raidir* (pour affirmer sa dignité) syn. **to straighten oneself.**
5. **tenant** : *locataire* ; **under-tenant**, *sous-locataire.*

La main avança le billet vers Hawkins qui le prit en rougissant.

"C'est pas la peine, monsieur Estel. Merci beaucoup tout de même."

"Dégage."

"Hein ?" Hawkins parut choqué.

"T'as entendu", fit Beef brutalement. "T'as envie de sortir le cul devant ?"

Hawkins se drapa dans sa dignité. "Faut que je protège les locataires. Vous savez ce que c'est, messieurs, pour quelqu'un dans ce genre de boulot."

"Ouais, dégage", dit Estel sans remuer les lèvres.

Hawkins tourna les talons et sortit, vite et sans bruit.

La porte se referma avec un clic discret. Beef y jeta un coup d'œil, puis vint se poster derrière moi.

"Regarde s'il porte un feu, Beef."

Le chapeau melon regarda si j'en portais un. Il prit mon Lüger et s'éloigna de moi. Estel jeta un coup d'œil détaché au Lüger, puis sur moi. Ses yeux exprimaient antipathie et indifférence.

"Votre nom c'est John Dalmas, hein ? Un flic privé."

"Et alors ?" dis-je.

"Y a quelqu'un qui va faire rencontrer la tronche de quelqu'un avec le plancher de quelqu'un", dit Beef froidement.

"Holà ! garde tes conneries pour le petit personnel", lui dis-je. "J'ai ma dose de gros durs pour la soirée. J'ai dit 'et alors' et c'est 'et alors' que j'ai dit."

Marty parut modérément amusé. "Diable, du calme. Il faut bien que je veille sur mes amis, non ?"

---

6. **to click shut** : **shut** indique l'action, *se refermer*, **click** comment elle s'opère, *avec un clic* ; **to click** 1. *cliqueter, faire tic-tac, claquer* 2. *s'entendre, atteindre son but.*
7. **to be rodded** : (sl.) *être porteur d'un flingue* ; ❒ **rod** 1. (ici) *pistolet, pétard.* 2. *canne, baguette, tringle, verge.* 3. (sl.) *bolide.*
8. **casually** : cf. p. 56.
9. **dislike** : *antipathie, aversion, répugnance.*
10. **crap** : (US sl.) *connerie, foutaise.*
11. **boiler-room** : m. à m. *la chaufferie.*
12. **to be sick (of)** : 1. (ici) *en a avoir assez (de).* 2. *vomir, être malade.*
13. **to keep one's shirt on** : (fam.) *garder son calme, ne pas s'énerver.*

'You know who I am. O.K., I know what you talked to Miss Huntress about. And I know something about you that you don't know I know.'

'All right,' I said. 'This fat slob[1] Hawkins collected[2] ten[3] from me for letting me up here this afternoon - knowing perfectly well who I was - and he has just collected ten from your iron[4] man for slipping me the nasty. Give me back my gun and tell me what makes my business your business.'

'Plenty. First off, Harriet's not home. We're waiting for her on account of a thing that happened. I can't wait any longer. Got to go to work at the club. So what did you come after this time ?'

'Looking for the Jeeter boy. Somebody shot at his car to-night. From now[5] on he needs somebody to walk behind him.'

'You think I play games like that ?' Estel asked me coldly.

I walked over to a cabinet and opened it and found a bottle of Scotch. I twisted the cap off, lifted a glass from the tabouret and poured some out. I tasted it. It tasted all right.

I looked around for ice, but there wasn't any. It had all melted long since in the bucket[6].

'I asked you a question,' Estel said gravely.

'I heard it. I'm making[7] my mind up. The answer is, I wouldn't have thought it - no. But it happened. I was there. I was in the car - instead of young Jeeter. His father had sent[8] for me to come to the house to talk things over.'

'What things ?'

I didn't bother[9] to look surprised. 'You hold[10] fifty grand of the boy's paper. That looks bad for you, if anything happens to him.'

---

1. **slob** : 1. *gros lourdaud, patapouf*. 2. *tordu, maladroit*.
2. **to collect** : 1. (ici) *récupérer, réunir, assembler, collectionner*. 2. *se rassembler*.
3. **ten** : = **ten dollars.**
4. **iron man** : (sl.) 1. (ici) *athlète*. 2. *dollar*.

"Vous savez qui je suis, O.K.. Moi, je sais de quoi vous avez parlé à Miss Huntress. Et je sais quelque chose à votre sujet que vous ne savez pas que je sais."

"Très bien", dis-je. "Ce gros lard de Hawkins m'a soulagé de dix dollars pour me laisser monter ici cet après-midi - sachant parfaitement qui j'étais - et il vient d'en récupérer autant de votre gorille pour me mettre dans la mélasse. Rendez-moi mon flingue, et dites-moi en quoi mes affaires vous regardent."

"Des masses. Avant tout, Harriet n'est pas chez elle. Nous l'attendons en raison de quelque chose qui s'est produit. Je n'ai plus le temps d'attendre. Je dois aller travailler à mon club. Alors, qu'est-ce que vous venez chercher cette fois-ci ?"

"Je cherchais le môme Jeeter. Quelqu'un a tiré sur sa voiture ce soir. A partir de maintenant, il a besoin de quelqu'un qui reste sur ses arrières."

"Vous croyez que je joue à ce genre de jeu ?" me demanda Estel froidement.

Je me dirigeai vers un meuble à tiroirs, l'ouvris et y trouvai une bouteille de scotch. Je défis son capuchon, cueillis un verre sur le tabouret, le remplis et goûtai. Ça avait bon goût.

Je cherchai de la glace, mais il n'y en avait plus. Elle avait complètement fondu dans le seau depuis longtemps.

"Je vous ai posé une question", me dit Estel d'un ton grave.

"J'ai entendu. Je réfléchis. La réponse est : je n'y aurais pas cru, non. Mais ça s'est produit. J'y étais. J'étais dans la voiture - à la place du jeune Jeeter. Son père m'avait envoyé chercher pour discuter de certaines choses."

"Quelles choses ?"

Je ne me souciai pas de feindre la surprise. "Vous avez en main cinquante bâtons de reconnaissances de dette du gamin. Ça semble moche pour vous s'il lui arrive quoi que ce soit."

---

5. **from now on** : *à compter de, maintenant, dorénavant.*
6. **bucket** : 1. (ici) *seau.* 2. *baquet* ; **bucket-seat** (auto), *siège baquet.*
7. **to make up one's mind** : 1. (ici) *réfléchir.* 2. *se décider.*
8. **to send for** : *envoyer chercher.*
9. **to bother** : 1. (ici) *se soucier, s'inquiéter.* 2. *ennuyer, tracasser.*
10. **to hold** : 1. (ici) *détenir, tenir.* 2. *retenir.* 3. *durer, persister.*

'I don't figure[1] it that way. Because that way I would lose my dough[2]. The old man won't pay - granted[3]. But I wait a couple of years and I collect from the kid. He gets his estate[4] out of trust when he's twenty-eight. Right now he gets a grand a month and he can't even will[5] anything, because it's still in trust. Savvy[6] ?'

'So you wouldn't knock[7] him off', I said, using my Scotch. 'But you might throw a scare into him.'

Estel frowned. He discarded[8] his cigarette into a tray and watched it smoke a moment before he picked it up again and snubbed[9] it out. He shook his head.

'If you're going to bodyguard him, it would almost pay me to stand[10] part of your salary, wouldn't it ? Almost. A man in my racket can't take care of everything. He's of age[11] and it's his business who he runs around with. For instance, women. Any reason why a nice girl shouldn't cut herself a piece of five million bucks ?'

I said : 'I think it's a swell idea. What was it you knew about me that I didn't know you knew ?'

He smiled, faintly.

'What was it you were waiting to tell Miss Huntress - the thing that happened ?'

He smiled faintly again. 'Listen, Dalmas, there are lots of ways to play any game. I play mine on the house percentage, because that's all I need to win. What makes me get tough ?'

I rolled a fresh cigarette around in my fingers and tried to roll it around my glass with two fingers.

---

1. **to figure** : 1. (ici) *calculer*. 2. (US) *estimer, représenter*. 3. *figurer*.
2. **dough** : 1. ici (US. sl.) *fric, galette, pèze*. 2. *pâte* (à pain).
3. **granted** : **to grant** 1. *accorder, concéder, allouer*. 2. *admettre pour vrai* ; **granted he is right,** *admettons qu'il ait raison* ; (ici) **granted !** *d'accord ! soit !*
4. **estate** : 1. (ici) *succession, biens*. 2. *domaine, immeuble* ; **estate agency,** *agence immobilière* ; **real estate,** *l'immobilier*. 3. *condition*.
5. **to will** : 1. (ici) *léguer*, **a will,** *un testament*. 2. *vouloir* ; **will** : *volonté*.

"Je ne calcule pas les choses de cette façon. Parce que, comme ça je perdrais mon fric. Le vieux ne paiera pas : soit ! Mais j'attends deux ans et je récupère l'argent chez le môme. Sa fortune ne sera plus sous tutelle quand il aura vingt-huit ans. A l'heure qu'il est, il touche mille dollars par mois et il ne peut même pas léguer quoi que ce soit, tant qu'il est sous tutelle. Pigé ?"

"Donc, vous ne le descendriez pas", dis-je en buvant mon scotch. "Mais vous pourriez lui adresser un avertissement."

Estel fronça les sourcils. Il se débarrassa de sa cigarette dans un cendrier, la regarda fumer un moment, puis la reprit avant de l'écraser. Il secoua la tête.

"Si vous devenez son garde du corps, ça me rapporterait presque de prendre en charge une partie de votre salaire, pas vrai ? Dans mon genre d'affaires, un homme comme moi ne peut pas s'occuper de tout. Il est majeur, et avec qui il sort, c'est son problème. Des femmes, par exemple. Y-a-t-il une raison pour qu'une gentille fille renonce à un paquet de cinq millions de dollars ?"

Je dis : "Je pense que c'est une chouette idée. C'était quoi, ce que vous saviez sur moi que je ne savais pas que vous saviez ?"

Il esquissa un sourire.

"C'était quoi ce que vous attendiez de dire à Miss Huntress... la chose qui s'est produite ?"

Il sourit à nouveau, faiblement. "Ecoutez, Dalmas, il y a des tas de façons de jouer à n'importe quel jeu. Le mien c'est de toucher un pourcentage sur ma boîte, parce que c'est tout ce dont j'ai besoin pour être gagnant. Qu'est-ce qui me fait jouer au dur dans tout ça ?"

Je roulai une cigarette entre mes doigts et tentai de la faire tourner autour de mon verre avec deux doigts.

---

6. **savvy** : 1. (ici (fam.) *pigé, compris*. 2. *savoir-faire, compréhension, dextérité*.
7. **to knock off** : 1. ici (US. sl.) *descendre, tuer*. 2. *faire tomber*. 3. *expédier, achever* (travail). 4. (US. sl.) *arrêter le travail* (fin de journée). 5. *éliminer, barrer*. 6. *mourir, 'caner'*. 7. *cambrioler* (coffre).
8. **to discard** : 1. (cartes) *écarter, se défausser*. 2. *renoncer, laisser de côté*. 3. *renvoyer*.
9. **to snub** : *remettre à sa place, rebuffer, moucher*.
10. **to stand** : ici (fam.) *payer*, **to stand a drink**, *payer à boire*.
11. **to be of age** : *être majeur* ; **to come of age**, *atteindre sa majorité* ; **to be under age**, *être mineur*.

"Who said you were tough ? I always heard the nicest things about you.'

Marty Estel nodded and looked faintly amused. 'I have sources of information', he said quietly. 'When I have fifty grand invested in a guy, I'm apt to find out[1] a little about him. Jeeter hired a man named Arbogast to do a little work. Arbogast was killed in his office to-day - with a twenty-two. That could have nothing to do with Jeeter's business. But there was a tail[2] on you when you went there and you didn't give it to the law. Does that make you and me friends ?'

I licked[3] the edge of my glass, nodded. 'It seems it does.'

'From now on just forget about bothering Harriet, see ?'

'O.K.'

'So we understand each other real good, now.'

'Yeah.'

'Well, I'll be going. Give the guy back his Lüger, Beef.'

The derby hat came over and smacked[4] my gun into my hand hard enough to break a bone.

'Staying ?' Estel asked, moving towards the door.

'I guess I'll wait a little while. Until Hawkins comes up to touch[5] me for another ten.'

Estel grinned. Beef walked in front of him wooden-faced[6] to the door and opened it. Estel went out. The door closed. The room was silent. I sniffed[7] at the dying[8] perfume of sandalwood and stood motionless, looking around.

Somebody was nuts. I was nuts. Everybody was nuts. None of it fitted together worth a nickel[9].

---

1. **to find out** : *se renseigner sur, découvrir, constater, deviner, inventer.*
2. **tail** : 1. ici (US. sl.) *personne exerçant une filature* ; = **tail job** : *filature, 'filoche'* ; **to tail,** *filer, suivre.* 2. *queue* .3. *pile, revers* ≠ **head,** *face* ; **to toss heads or tails,** *jouer à pile ou face.*
3. **to lick** : 1. (ici) *lécher, sucer, laper.* 2. (fam.) *battre.*
4. **to smack into** : (ici) *flanquer,* **to smack,** *claquer, faire claquer* ; **smack,** 1. *claquement, claque, gifle, calotte.* 2. (fam.) *bécot, poutou.*

"Qui a dit que vous étiez un dur ? J'ai toujours entendu dire des choses aimables à votre sujet."

Marty Estel hocha la tête et parut légèrement amusé.

"J'ai mes sources d'information", dit-il doucement. "Quand j'ai cinquante bâtons d'investis chez un type, je suis enclin à me renseigner sur son compte. Jeeter a engagé un nommé Arbogast pour un petit travail. Arbogast a été tué dans son bureau ce matin - avec un 22. Ça pourrait n'avoir rien de commun avec l'affaire Jeeter. Mais vous étiez filé quand vous êtes allé chez lui. Et vous n'avez rien dit à la police. Est-ce que ça nous rend amis, vous et moi ?"

Je suçai le bord de mon verre et hochai la tête.

"Il semble que oui."

"A partir de maintenant, oubliez d'embêter Harriett, vu ?"

"O.K."

"Alors, on se comprend vraiment bien, maintenant."

"Ouais."

"Bien, je vais m'en aller. Rends au gars son Lüger, Beef."

Le chapeau melon rappliqua et me flanqua mon arme dans la main suffisamment fort pour me briser un os.

"Vous restez ?" demanda Estel en se dirigeant vers la porte.

"Je crois que je vais attendre un petit moment. Jusqu'à ce que Hawkins monte pour me taper encore d'un billet de dix."

Estel grimaça un sourire. Beef, le visage fermé, le précéda vers la porte et l'ouvrit. Estel sortit. La porte se referma. La pièce était silencieuse. Je respirai l'odeur de santal qui se dissipait et je restai immobile, regardant autour de moi.

Il y avait quelque chose de cinglé. J'étais cinglé. Tout le monde était cinglé. Rien ne collait dans tout cela.

---

5. **to touch** : 1. (US. sl.) *emprunter, taper*. 2. *toucher, affecter, émouvoir, concerner, atteindre*.
6. **wooden-faced** : *visage de bois, fermé, obtus* ; **wooden** 1. *de bois*. 2.*inexpressif*.
7. **to sniff** : *renifler, flairer, humer*.
8. **dying** : part. présent de **to die**, 1. (ici) *se dissiper* (odeur), *s'effacer, disparaître* (couleur). 2. *mourir* ❐ **to dye** (part. présent **dyeing**), *teindre*.
9. **nickel** : m. à m. *rien de cela ne s'accordait qui vaille un 'nickel'*.

Marty Estel, as he said, had no good motive for murdering anybody, because that would be the surest way to kill his chances to collect his money. Even if he had a motive for murdering anybody, Waxnose and Frisky didn't seem like the team he would select for the job. I was in bad[1] with the police, I had spent ten dollars of my twenty expense[2] money, and I didn't have enough leverage[3] anywhere to lift[4] a dime off a cigar counter.

I finished my drink, put the glass down, walked up and down the room, smoked a third cigarette, looked at my watch, shrugged and felt disgusted. The inner doors of the suite were closed . I went across to the one out of which young Jeeter must have sneaked[5] that afternoon. Opening it I looked into a bedroom done in ivory and ashes of roses. There was a big double bed[6] with no footboard, covered with figured[7] brocade. Toilet articles glistened[8] on a built-in[9] dressing table with a panel-light. The light was lit. A small lamp on a table beside the door was lit also. A door near the dressing table showed the cool[10] green of bathroom tiles.

I went over and looked in there. Chromium, a glass stall[11] shower, monogrammed towels on a rack[12], a glass shelf for perfume and bath salts at the foot of the tub, everything nice and refined. Miss Huntress did herself well. I hoped she was paying her own rent. It didn't make any difference to me - I just liked it that way.

---

1. **to be in bad** (fam.) : *être en mauvaise posture.*
2. **expense** (or **ex's**) : 1. *dépenses, frais, charges.* 2. *dépens.*
3. **leverage** : 1. *force, puissance de levier.* 2. *créance.*
4. **to lift** : 1. *lever, soulever, dresser* (tête) 2. *augmenter* (prix) 3. *lever un embargo, purger une hypothèque* ; **to lift a ban**, *lever une interdiction.*
5. **to sneak** : 1. *entrer* (ou sortir) *furtivement, s'éclipser, se faufiler.* 2. *chiper, barboter.*

Marty Estel, ainsi qu'il le disait, n'avait aucun motif valable pour assassiner qui que ce soit, parce que c'était le plus sûr moyen de faire disparaître ses chances de récupérer son argent. Et même s'il avait un motif pour assassiner qui que ce soit, Waxnose et Frisky ne semblaient pas être l'équipe qu'il sélectionnerait pour ce boulot.

J'étais mal vu par la police, j'avais dépensé dix de mes vingt dollars de frais, et je n'avais nulle part assez de crédit pour soulever dix cents dans un bureau de tabac.

Je finis mon verre, le reposai, marchai de long en large dans la pièce, fumai une troisième cigarette, regardai l'heure, haussai les épaules et me sentis dégoûté. Les portes intérieures de l'appartement étaient fermées. J'allai vers celle par laquelle le jeune Jeeter avait dû se faufiler cet après-midi. En l'ouvrant, je vis une chambre à coucher ivoire et rose cendré. Il y avait un grand lit double sans pied de lit, couvert d'un tissu broché à dessins. Des objets de toilette brillaient sur une coiffeuse intégrée avec miroir éclairant, allumé. Près de la porte une petite lampe était également allumée sur une table. Près de cette coiffeuse, on voyait par une porte les carreaux vert frais d'une salle de bains.

J'entrai jeter un coup d'œil. Du chrome, une douche dans une alcôve en verre, un support avec serviettes à monogrammes, une étagère de verre pour parfums et sels de bain, au pied de la baignoire, tout était luxueux et raffiné. Miss Huntress se soignait bien. J'espérais qu'elle payait elle-même son loyer. Ça ne changeait rien pour moi - mais ça me plaisait mieux ainsi.

---

6. **double-bed** : *lit à deux places* ; ❒ **twin-bed,** *lit jumeau.*
7. **figured** : *broché, ouvragé, à dessins, à impression* ; **figure** 1. *gravure, illustration.* 2. *chiffre.* 3. *image, figure.* 4. *être, forme humaine, personnage.*
8. **to glisten** : cf. p. 40.
9. **built-in** : *incorporé, intégré.*
10. **cool** : 1. *frais, fraîche.* 2. *froid, tiède.* 3. *calme* ; **keep cool,** *restez calme, ne vous emballez pas.* 4. (fam.) *qui a de l'aplomb, du culot.*
11. **stall** : 1. (ici) *box, alcôve, loge.* 2. *étalage, étal, comptoir.* 3. *stalle* (église). 4. *fauteuil d'orchestre* (théâtre).
12. **rack** : 1. (ici) *support.* 2. *râtelier* (étable) ; **luggage-rack,** *filet à bagages.*

I went back towards the living room, stopped in the doorway to take another pleasant look around, and noticed something I ought to have noticed the instant I stepped into the room. I noticed the sharp tang[1] of cordite[2] on the air, almost, but not quite gone. And then I noticed something else.

The bed had been moved over until its head overlapped[3] the edge of a closet door which was not quite closed. The weight of the bed was holding[4] it from opening. I went over there to find out why it wanted to open. I went slowly and about half-way there I noticed that I was holding a gun in my hand.

I leaned[5] against the closet door. It didn't move. I threw[6] more weight against it. It still didn't move. Braced[7] against it I pushed the bed away with my foot, gave ground[8] slowly.

A weight pushed against me hard. I had gone back a foot or so before anything else happened. Then it happened suddenly. He came out - sideways[9], in a sort of roll[10]. I put some more weight back on the door and held him like that a moment, looking at him.

He was still big, still blond, still dressed in rough sporty[11] material[12], with scarf and open-necked shirt. But his face wasn't red any more.

I gave ground again and he rolled down the back of the door, turning a little like a swimmer in the surf[13], thumped[14] the floor and lay there, almost on his back, still looking at me. Light from the bedside lamp glittered on his head.

---

1. **tang** : (ici) *goût vif, saveur, piquant.*
2. **cordite** : élément explosif (à base de nitroglycérine) rentrant dans la composition des munitions.
3. **to overlap** : 1. (ici) *recouvrir* (en partie) ; (*se*) *chevaucher*. 2.*dépasser* (une extrémité).
4. **to hold from** : *empêcher de, retenir de* (from + -ing);
5. **to lean against** : *s'appuyer contre* ; **to lean over**, *se pencher sur, incliner* (prétérit et participe passé **leant,** et parfois **leaned**).
6. **to throw weight** : m. à m. *jeter de la force.*
7. **braced** : m. à m. *ancré* 1. (ici) *ancrer, amarrer* 2. *fortifier, tonifier.*

Je revins dans le salon, m'arrêtai sur le pas de la porte pour profiter à nouveau de cette vue agréable, et remarquai quelque chose qui aurait dû me frapper à l'instant où j'avais pénétré dans les lieux. Je remarquai dans l'air une odeur piquante de cordite, presque dissipée, mais pas tout à fait. Puis je remarquai quelque chose d'autre.

Le lit avait été déplacé pour que sa tête recouvre, partiellement, le bord d'une porte de placard pas tout à fait fermée. Le poids du lit l'empêchait de s'ouvrir. J'y allai doucement et, environ à mi-chemin, je m'aperçus que je tenais un flingue à la main.

J'appuyai contre la porte du placard. Elle ne bougea pas. J'y mis plus de force. Elle ne bougea pas davantage. Prenant appui sur elle, je repoussai, du pied, le lit qui s'écarta lentement.

Quelque chose de lourd se mit à me peser dessus fortement. J'avais cédé environ trente centimètres de terrain avant qu'autre chose ne se produisît. Puis, tout d'un coup, ça se produisit. Il sortit - par le côté -, dans une sorte de roulé-boulé. J'appuyai un peu plus fortement sur la porte du placard et le maintins comme cela un moment en le regardant.

Il était toujours grand, toujours blond, toujours habillé de gros tissus sport, avec un foulard et une chemise à col ouvert. Mais son visage avait perdu son teint rouge brique.

Je reculai encore, et il roula à terre derrière la porte, se retournant un peu comme un nageur pris dans un ressac, et frappa le sol avec un bruit sourd ; il resta allongé là, presque sur le dos, continuant à me fixer. La lumière de la lampe de chevet illuminait son visage.

---

8. **to give ground** : m. à m. *lâcher pied, céder du terrain, se replier* .
9. **sideways** 1. ici (adv.) *de côté, latéralement*. 2. (adj.) *latéral*.
10. **roll** : 1. (ici) m. à m. *roulement* (balle). 2. *roulis* ; **to walk with a roll**, *se dandiner en marchant*.
11. **sporty** : 1. (ici) *sport* (consistance du tissu). 2. (fam.) *sportif* au sens de *généreux, chic* (geste).
12. **material** : 1. (ici) *étoffe, tissu*. 2. *matière, matériau* ; **materials** , *accessoires, fournitures*.
13. **surf** : *barre* (mer), *brisant, ressac*.
14. **thump** : 1. *coup sourd*. 2. *coup de poing* ; **to thump**, *cogner, frapper lourdement, avec un bruit sourd*.

There was a scorched[1] and soggy[2] stain[3] on the rough coat - about where his heart would be. So he wouldn't get that five million after all. And nobody would get anything and Marty Estel wouldn't get his fifty grand. Because young Mister[4] Gerald was dead.

I looked back into the closet where he had been. Its door hung wide open now. There were clothes on racks, feminine clothes, nice clothes. He had been backed[5] in among them, probably with his hands in the air and a gun against his chest. And then he had been shot dead, and whoever did it hadn't been quite quick enough or quite strong enough to get the door shut. Or had been scared and had just yanked[6] the bed over against the door and left it that way.

Something glittered down on the floor. I picked it up. A small automatic, .25 calibre, a woman's purse[7] gun with a beautifully engraved butt[8] inlaid[9] with silver and ivory. I put the gun in my pocket. That seemed a funny thing to do, too.

I didn't touch him. He was as dead as John D. Arbogast and looked a whole lot deader. I left the door open and listened, walked quickly back across the room and into the living-room and shut the bedroom door, smearing[10] the knob[11] as I did it.

A lock was being tinkled[12] at with a key. Hawkins was back again, to see what delayed[13] me. He was letting himself in with his pass-key[14].

I was pouring a drink when he came in.

He came well into the room, stopped with his feet planted and surveyed[15] me coldly.

---

1. **scorched** : *roussi, légèrement brûlé, desséché.*
2. **soggy** : 1. *détrempé, saturé d'eau.* 2. *lourd* 3. *pâteux.*
3. **stain** : 1. (ici) *tache, souillure.* 2. *colorant* ; **to stain,** 1. *tacher, salir, ternir* (réputation) 2. *teindre, teinter.*
4. **Mister** : cf. p. 84.
5. **to back** : 1. (ici) *faire reculer, refouler.* 2. *reculer, faire marche arrière.* 3; *renforcer, épauler, soutenir, 'pistonner'.*

Il y avait une tache humide et légèrement brûlée sur son vêtement sport - aux alentours de l'endroit où devait se trouver son cœur. Ainsi, en fin de compte, il ne verrait pas la couleur de ses cinq millions de dollars, pas plus que qui que ce soit d'autre ; et Marty ne récupérerait pas ses cinquante mille dollars. Parce que le jeune monsieur Gerald était mort.

Je regardai dans le placard où on l'avait mis. La porte était maintenant grande ouverte. Il y avait, accrochés à des portes manteaux, des vêtements féminins, de beaux vêtements. On l'avait fait marcher à reculons parmi eux, sans doute les mains en l'air, un pistolet sur la poitrine. Et puis on l'avait descendu, et celui qui avait tiré n'avait pas été assez rapide ou assez fort pour refermer la porte. Ou bien il avait été pris de panique et avait simplement tiré le lit contre la porte et laissé ainsi.

Quelque chose brillait par terre. Je le ramassai : un automatique, calibre 25, un pistolet pour sac de dame avec une crosse joliment gravée avec incrustation d'argent et d'ivoire. Je mis l'arme dans ma poche. Une drôle de chose à faire, également.

Je ne le touchai pas. Il était aussi mort que John D. Arbogast et il paraissait sacrément plus mort. Je laissai la porte ouverte et prêtai l'oreille. Je traversai la pièce rapidement, revins dans le salon et fermai la porte de la chambre à coucher, dont j'essuyai le bouton.

Une clé tintait dans une serrure. Hawkins était de retour, pour voir ce qui me retenait. Il s'introduisait avec son passe.

Je me versais un verre quand il entra.

Il pénétra au beau milieu de la pièce, s'arrêta et, planté devant moi, m'examina d'un air glacial.

---

6. **to yank** : (US) *tirer* (d'un coup sec), *freiner*.
7. **purse** : 1. (ici) *sac* .2. *bourse*, *porte-monnaie*.
8. **butt** : 1. (ici) *crosse*. 2. *billot*, *souche*. 3. *bout*, *extrémité inférieure* . 4. *mégot*. 5. *barrique*, *gros tonneau*.
9. **inlaid** : **to inlay**, *incruster*, *marqueter*.
10. **to smear** : 1. *barbouiller*, *maculer*, *salir*, *enduire*. 2. (ici) *torcher*.
11. **knob** · (ici) *bouton* (de porte, de réglage), *pommeau*.
12. **to tinkle** : 1. *tinter*. 2. *picoter*.
13. **to delay** : *ajourner*, *différer*, *retarder*, *retenir*, *arrêter*.
14. **pass-key** : *clé passe-partout*.
15. **to survey** : 1. (ici) *examiner* (attentivement), *contempler*. 2. *relever* (plan) 3. *inspecter*, *expertiser*.

'I seen[1] Estel and his boy leave[2], he said. 'I didn't see you leave. So I come up. I gotta[3] - '

'You gotta protect the guests', I said.

'Yeah. I gotta protect the guests. You can't stay[4] up here, pal. Not without the lady of the house is home[5].'

'But Marty Estel and his hard boy can.'

He came a little closer to me. He had a mean[6] look in his eye. He had always had it, probably, but I noticed it more now.

'You don't want to make nothing[7] of that, do you ?' he asked me.

'No. Every man to his own chisel[8]. Have a drink.'

'That ain't your liquor.'

'Miss Huntress gave me a bottle. We're pals. Marty Estel and I are pals. Everybody is pals. Don't you want to be pals ?'

'You ain't trying to kid[9] me, are you ?'

'Have a drink and forget it.'

I found a glass and poured him one. He took it.

'It's the job if anybody smells it on me', he said.

'Uh-huh.'

He drank slowly, rolling[10] it around on his tongue. 'Good Scotch.'

'Won't be the first time you tasted it, will it ?'

He started to get[11] hard again, then relaxed. 'Hell, I guess[12] you're just a kidder[13].' He finished the drink, put the glass down, patted[14] his lips with a large and very crumpled handkerchief and sighed.

---

1. **I seen** : fam. pour **I have seen.**
2. **leave** : *partir* ❒ les verbes de perception, comme **to see**, sont suivis de l'infinitif sans **to**.
3. **gotta** : = **have got.**
4. **to stay up** : 1. (ici) *rester, demeurer*. 2. *veiller* ; **to stay up late,** *veiller tard*.
5. **without ... is home** : **is** est incorrect ici ; on devrait avoir **being,** après la préposition **without.**
6. **mean** (adj.) : 1. (ici) *bas, mesquin, vil, méprisable*. 2. *minable,*

"Vu Estel et son gars partir", dit-il. "Mais pas toi. Alors je me suis pointé. Faut qu'je..."

"Faut que tu protèges les clients", dis-je.

"Ouais. Faut que je protège les clients. Tu ne peux pas rester ici, mon gars. Pas quand la dame qu'est locataire est pas là."

"Mais Marty Estel et son gros dur peuvent, eux."

Il s'approcha un peu plus de moi. Il avait quelque chose de vilain dans le regard. Ça avait toujours été là, mais je le remarquai plus maintenant.

"Tu ne veux pas faire une histoire avec ça, hein ?" me demanda-t-il.

"Non. A chacun son problème. Bois un verre."

"C'est pas ton alcool."

"Miss Huntress m'a offert une bouteille. On est copains, Marty Estel et moi on est copains. Tout le monde est copain. Tu veux pas qu'on soit copains ?"

"T'essaies pas de me faire marcher, hein ?"

"Bois un coup et oublie ça."

Je trouvai un verre et lui servis à boire. Il le prit.

"Je perds mon boulot si quelqu'un renifle ça sur moi", dit- il.

"Hum."

Il but lentement, le savourant avec sa langue. "C'est du bon", fit-il.

"Ce sera pas la première fois que tu y goûtes, hein ?"

Il commença à se renfrogner, puis se détendit.

"Bon Dieu. Je crois que t'es juste un blagueur." Il acheva son verre, se tamponna les lèvres avec un grand mouchoir complètement froissé et soupira.

---

misérable. 3. (US) *fastidieux*. 4. *avare, ladre*. ❒ **means** (n.) : *moyen(s), voie(s), ressources*.
7.**don't ... nothing** : double négation incorrecte.
8. **chisel** : m. à m. *ciseau* (sculpteur), *burin*.
9. **to kid** : *blaguer, faire marcher* ; *faire croire*.
10. **rolling it around** : m. à m. *le faisant rouler* (sur sa langue).
11. **to get hard** : m. à m. *se durcir* ; **hard** (adj.) *dur, difficile, exigeant, sévère, pénible, rigoureux*. ❒ **hard** (adv.), *fort* ; **to work hard**, *travailler dur*.
12. **I guess** (US) : = **I think, I believe**.
13. **kidder** : cf. plus haut, *blagueur*.
14. **to pat (patted)** : 1. (ici) *tapoter, tamponner*. 2. *caresser, flatter* (animal) ; **pat** (adj.) : *coup léger, petite tape, caresse*. ❒ **pat** (adv.) *à propos* ; **to answer pat** , *répliquer du tac au tac*.

'O.K.', he said. 'But we'll have to leave now.'

'All set. I guess she won't be home for a while[1]. You see[2] them go out ?'

'Her and the boy friend. Yeah, long time ago.'

I nodded. We went towards the door and Hawkins saw me out. He saw me downstairs and off the premises[3]. But he didn't see what was in Miss Huntress's bedroom. I wondered if he would go back up . If he did, the Scotch bottle would probably stop him.

I got into my car and drove off home - to talk to Anna Halsey on the phone. There wasn't any case[4] any more - for us.

7

I parked close to the kerb[5] this time. I wasn't feeling gay any more. I rode up in the elevator and unlocked[6] my door and clicked[7] the light on.

Waxnose sat in my best chair, an unlit hand-rolled brown cigarette between his fingers, his bony[8] knees crossed, and his long Woodsman resting solidly on his leg. He was smiling. It wasn't the nicest smile I ever saw.

'Hi, pal', he drawled[9]. 'You still ain't had that door fixed[10]. Kind of shut it, huh ?' His voice, for[11] all the drawl, was deadly[12].

I shut the door, stood looking across the room at him .

'So you killed my pal', he said.

---

1. **while** : (n.) *temps, moment.* ❒ **to be worth while,** *valoir la peine* ; **to while away,** *faire passer le temps.* ❒ **while** (conj.), *pendant que, tandis que.*
2. **to see out** : 1. (ici) *reconduire, accompagner jusqu'à la porte.*2. *assister à qch.* (match, pièce) *jusqu'au bout, mener à bien;* ❒ **to see off,** *conduire, accompagner, reconduire.*
3. **premises** : 1. (ici) *lieux, locaux* ; **on the premises,** *sur les lieux, sur place.* 2. *prémisse.*
4. **case** : 1. (ici) *affaire, cause.* 2. *cas*

"O.K.", dit-il. "Mais il va falloir qu'on parte maintenant."

"Paré. Je crois qu'elle ne rentrera pas chez elle avant un bout de temps. Tu les as vus sortir ?"

"Elle et son petit ami ? Ouais, il y a longtemps."

Je hochai la tête. Nous nous dirigeâmes vers la porte, et Hawkins m'accompagna dehors. Il m'accompagna dans les escaliers et jusqu'à la sortie des lieux. Mais il ne vit pas ce qu'il y avait dans la chambre de Miss Huntress. Je me demandais s'il allait remonter. S'il le faisait, la bouteille de scotch lui ferait sans doute barrage.

Je montai dans ma voiture et rentrai chez moi pour parler à Anna Halsey au téléphone. Pour nous, il n'y avait plus d'affaire.

7

Je me garai bien contre le trottoir cette fois; je ne me sentais plus d'humeur allègre. Je montai par l'ascenseur, ouvris ma porte et, d'un petit coup sec, allumai.

Waxnose était assis sur mon meilleur siège, une cigarette roulée et non allumée entre les doigts, ses genoux osseux croisés et son long Woodsman posé sur la jambe. Il souriait. Ce n'était pas le sourire le plus engageant que j'avais pu rencontrer.

"Salut, mec", fit-il d'une voix traînante. "T'as toujours pas fait réparer cette porte. Tu l'as comme qui dirait rabattue, hein ?" Sa voix, malgré sa nonchalance, était meurtrière.

Je fermai la porte et restai à le regarder de l'autre côté de la pièce.

"Alors, t'as buté mon pote", dit-il.

---

5. **kerb** (ou **curb**) : *rebord du trottoir*.
6. **to unlock** : 1. (ici) *ouvrir*. 2. *débloquer*. 3. *révéler* (secret).
7. **to click the light on** : **on** indique l'action d'allumer et **click** la façon dont elle s'opère, *d'un coup sec*.
8. **bony** : *osseux, anguleux, décharné*.
9. **to drawl** : *parler d'une voix traînante* ; peut indiquer un accent régional (sud) ou social.
10. **to fix** : cf. 36.
11. **for** : *malgré, en dépit*.
12. **deadly** : (adj.) *mortel (le)* ; **the seven deadly sins**, *les sept péchés capitaux*.

He stood up slowly, came across the room slowly and leaned the .22 against my throat. His smiling thin-lipped[1] mouth seemed as expressionless, for all its smile, as his wax-white nose[2]. He reached[3] quietly under my coat and took the Lüger. I might as well leave it home from now on. Everybody in town seemed to be able to take it away from me.

He stepped back across the room and sat down again in the chair. 'Steady[4] does it', he said almost gently. 'Park the body, friend. No false moves. No moves at all. You and me are at the jumping-off place[5]. The clock's tickin[6]' and we're waiting to go.'

I sat down and stared[7] at him. A curious bird. I moistened[8] my dry lips. 'You told me his gun had no firing pin', I said.

'Yeah. He fooled[9] me on that, the little so-and-so[10]. And I told you to lay off the Jeeter kid. That's cold[11] now. It's Frisky I'm thinking about. Crazy[12], ain't it ? Me bothering about a dimwit[12] like that packin[13]' him around with me, and letting him get hisself[14] bumped off.' He sighed and added simply, 'He was my kid brother.'

'I didn't kill him', I said.

He smiled a little more. He had never stopped smiling. The corners of his mouth just tucked[15] in a little deeper.

'Yeah ?'

He slid the safety catch off the Lüger, laid it carefully on the arm of the chair at his right, and reached into his pocket. What he brought out made me as cold as an ice bucket.

---

1. **thin-lipped** : (adjectif composé) m. à m. *aux lèvres minces*.
2. **wax-white nose** : m. à m. *son nez blanc comme de la cire*.
3. **to reach** : *atteindre*, signifie souvent *tendre le bras*.
4. **steady does it** (fam.) : = **steady on !** *doucement, du calme, on ne bouge pas !* cf. p. 25.
5. **jumping off place** : m. à m. *point de départ, base d'une attaque militaire* ; et aussi *endroit abandonné, isolé*.
6. **tickin'** = **ticking** ; **to tick** 1. (ici) *faire tic-tac, battre*. 2. *pointer*.

Il se leva lentement, traversa lentement la pièce et appuya son 22 contre ma gorge. Sa mince bouche souriante paraissait aussi inexpressive, malgré le sourire, que son nez couleur de cire. Il avança tranquillement sa main sous ma veste et se saisit de mon Lüger. Dorénavant, je pourrais aussi bien le laisser à la maison. Tout le monde en ville semblait capable de me le piquer.

Il repartit à reculons et se rassit sur son siège. "On ne bouge pas", dit-il presque avec douceur. "Pose-toi là, l'ami. Pas de faux mouvements. Toi et moi, on est sur la rampe de lancement. Le compte à rebours a commencé, et on attend pour y aller."

Je m'assis et le fixai. Un drôle d'oiseau. J'humectai mes lèvres desséchées. "Tu m'avais dit que son flingue n'avait pas de percuteur", dis-je.

"Ouais. Il m'a eu là-dessus, le petit salopard. Et je t'avais dit de laisser tomber l'affaire Jeeter. C'est terminé maintenant. C'est à Frisky que je pense. C'est dingue, hein ? Moi, me faire du mouron pour un abruti que je traîne avec moi, et que moi je laisse se faire buter." Il soupira et ajouta simplement : "C'était mon petit frère."

"Je ne l'ai pas tué", dis-je.

Il sourit un peu plus. Il n'avait pas, depuis le début, cessé de sourire. Les coins de sa bouche se rentrèrent un peu plus.

"Ouais."

Il défit le cran de sûreté du Lüger qu'il posa avec soin sur le bras droit du fauteuil et enfonça sa main dans sa poche. Ce qu'il en sortit me fit froid dans le dos.

---

7. **to stare** : *regarder fixement, d'un air étonné, en ouvrant de grands yeux* ; complément introduit par **at** (comme **to look, to gaze, to glare**, *regarder avec colère*.
8. **to moisten** : *humecter, mouiller, imbiber.*
9. **to fool** : 1. (ici) *duper, faire marcher, "avoir"* 2. *faire des bêtises.*
10. **so -and-so** : 1. ici (US) *sale individu, ceci et cela* 2. *machin, Untel*, **Mr. So-and-so** : *M. Untel.*
11. **cold** : 1. ici (US sl.) = **dead**, *mort, terminé.* 2. (fam.) *cadavre.*
12. **crazy** : 1. (ici) *fou, dingue.* 2. *formidable* .
13. **dim-wit** : *idiot, abruti, crétin*, syn. **fool, blockhead, stupid.**
14. **packin'** = **packing.**
15. **hisself** : = **himself**
16. **to tuck (in.)** 1. (ici)(*se*) *rentrer*, (*se*) *replier.* 2. *faire des plis.* 3. *serrer, mettre.*

It was a metal tube, dark and rough-looking, about four inches long and drilled[1] with a lot of small holes. He held his Woodsman in his left hand and began to screw[2] the tube casually on the end of it.

'Silencer', he said. 'They're the bunk[3], I guess you smart guys think. This one ain't the bunk - not for three shots. I oughta know. I made it myself.'

I moistened my lips again. 'It'll work[4] for one shot', I said. 'Then it jams[5] your action. That one looks like cast-iron[6]. It will probably blow[7] your hand off.'

He smiled his waxy smile, screwed it on, slowly, lovingly, gave it a last hard turn and sat back relaxed. 'Not this baby[8]. She's packed[9] with steel wool and that's good for three shots, like I said. Then you got to repack[10] it. And there ain't enough back pressure to jam the action on this gun. You feel good ? I'd like you to feel good.'

'I feel swell, you sadistic - - -', I said.

'I'm having you lie down on the bed after a while. You won't feel nothing. I'm kind of fussy[11] about my killings. Frisky didn't feel nothing, I guess. You got him neat.'

'You don't see good', I sneered. 'The chauffeur got him with a Smith & Wesson forty-four. I didn't even fire.'

'Uh-huh.'

'O.K., you don't believe me', I said. 'What did you kill Arbogast for ? There was nothing fussy about that killing. He was just shot at his desk, three times with a twenty-two and he fell down on the floor. What did he ever do to your filthy[12] little brother ?'

---

1. **to drill** : 1. (ici) *percer, perforer, forer*. 2. *instruire, exercer, faire manœuvrer, faire faire l'exercice* ; **drill**, 1. *foret*. 2. *exercice*.
2. **to screw** : 1. (ici) *visser, serrer*. 2. *filouter, duper, baiser*.
3. **bunk** : 1. (ici) = **bunkum** (sl.) *blague, foutaise, bluff* .2. plus récemment (fin années 80) = **uncool**, *pas à la mode, pas dans le coup*. 3. *couchette, lit placard*.
4. **to work** : 1. (ici) *marcher, fonctionner, faire fonctionner*. 2. *travailler, façonner, ouvrer*.

C'était un tube de métal foncé, à l'aspect mal dégrossi, d'environ dix centimètres de long et percé d'un tas de petits trous. Il prit son Woodsman dans sa main gauche et, d'un air détaché, se mit à visser le tube dessus.

"Un silencieux", dit-il. "De la foutaise, disent les petits futés comme toi, je crois. Celui-là c'est pas de la foutaise... pas pour tirer trois coups. Je devrais le savoir, c'est moi qui l'ai fabriqué."

Je m'humectai à nouveau les lèvres. "Ça marchera pour un coup", dis-je. "Puis ça l'enrayera. Celui-là a l'air d'être en fonte. Il t'arrachera sans doute la main."

Il me fit un sourire cireux, et, lentement, amoureusement, continua à le visser, le serra bien un dernier tour et, détendu, se rassit. "Pas celui-là, mecton. L'est bourré de laine d'acier et comme j't'ai dit, c'est bon pour trois coups. Ensuite, faut le regarnir. Et y a pas assez de pression inverse pour enrayer ce flingue. Tu te sens bien ? J'aimerais que tu te sentes bien."

"Je me sens au poil, sadique ...", dis-je.

"Dans un petit moment, je te ferai allonger sur ton lit. Tu sentiras rien. Je suis du genre méticuleux, pour buter. Frisky, il a rien senti, je crois. Tu l'as eu , bien fait."

"Tu vois pas clair", grimaçai-je. "Le chauffeur l'a eu avec un Smith & Wesson 44. Je n'ai même pas tiré."

"Mmm."

"O.K. Tu ne me crois pas", dis-je. "Pour quelle raison as-tu descendu Arbogast ? Il n'y avait rien de méticuleux dans ce meurtre. Il s'est simplement fait tirer dessus à son bureau, trois fois avec un 22 et il est tombé par terre. Qu'est-ce qu'il lui avait fait à ton fumier de petit frangin ?"

---

5. **to jam** : 1. (ici) *(s')* *enrayer*, *(se)* *bloquer*, *coincer*, *brouiller*. 2. *serrer*.
6. **cast-iron** : *fonte* (de fer) ; **cast-iron throat**, *gosier blindé*.
7. **to blow off** : 1. (ici) *arracher*, *emporter*. 2. *s'envoler* (chapeau).
8. **baby** : 1. ici (US sl.) *mec*, *gars*, *type* 2. (US sl.) *affaire* ; **that's your baby**, *ça te regarde*. 3. = **babe**, *fille*, *nana* ; = **sweetheart** , *petite amie*.
9. **to pack** : 1. (ici) *garnir*, *bourrer*, *remplir*. 2. *emballer*, *empaqueter*. 3. *tasser*.
10. **to repack** : 1. (ici) *regarnir*, *remballer*.
11. **fussy** : 1. (ici) *méticuleux*, *tatillon*.2. *recherché*, *sans simplicité*.
12. **filthy** : 1. (ici) *crapuleux*, *infect* .2. *dégoûtant*, *cochon*, *sale*, *obscène*.

He jerked[1] the gun up, but his smile held. 'You got guts[2], he said. 'Who is this here Arbogast ?'

I told him. I told him slowly and carefully, in detail. I told him a lot of things. And he began in some vague way to look worried[3]. His eyes flickered[4] at me, away, back again, restlessly, like a humming-bird[5].

'I don't know any party named Arbogast, pal', he said slowly. 'Never heard of him. And I ain't shot any fat guys to-day.'

'You killed him', I said. 'And you killed young Jeeter - in the girl's apartment at the El Milano. He's lying[6] there dead right now. You're working for Marty Estel. He's going to be awfully damn[7] sorry about that kill. Go ahead and make it three in a row[8].'

His face froze. The smile went away at last. His whole face looked waxy now. He opened his mouth and breathed through it, and his breath made a restless worrying sound. I could see the faint glitter of sweat on his forehead, and I could feel the cold from the evaporation of sweat on mine.

Waxnose said very gently : 'I ain't killed anybody at all, friend. Not anybody. I wasn't hired to kill people. Until Frisky stopped that slug I didn't have no[9] such ideas. That's straight[10].'

I tried not to stare at the metal tube on the end of the Woodsman.

A flame flickered at the back of his eyes, a small, weak, smoky flame. It seemed to grow larger and clearer. He looked down at the floor between his feet.

---

1. **to jerk up** : *redresser vivement* ; **to jerk** : *donner une secousse, une saccade.*
2. **guts** : 1. (ici) *cran, énergie, nerf* .2. *boyaux, intestins.*
3. **worried** : *soucieux, tracassé, préoccupé* ; **don't worry !** *ne vous en faites pas !*
4. **to flicker** : 1. *luire par intermittence, trembloter, vaciller, clignoter.* 2. *voltiger.*
5. **humming-bird** : *colibri, oiseau-mouche* ; **humming**, *bourdonnant* ;❐ **to hum** 1. *ronfler, vrombir, bourdonner.* 2. (fam.) *bafouiller.* 3. *fredonner, chantonner.*

Il releva son arme vivement, en continuant à sourire. "T'en as dans le ventre", dit-il. "Qui c'est ça, Arbogast ?"

Je le lui dis. Je lui racontai lentement et soigneusement, en détail. Je lui racontai un tas de choses. Et il commença à paraître vaguement tracassé. Ses yeux se mirent à aller et venir sur moi, sans arrêt, comme le voltigement d'un colibri.

"Je connais personne qui s'appelle Arbogast, mec", dit-il lentement. "Jamais entendu parler de lui. Et j'ai pas tué de gros lards aujourd'hui."

"Tu l'as tué", dis-je. "Et tu as tué le jeune Jeeter dans l'appartement de la fille à l'El Milano. Il est allongé là-bas en ce moment, mort. Tu travailles pour Marty Estel. Il va être sacrément furieux de cet assassinat. Continue, ça t'en fera une série de trois."

Son faciès se figea. Son sourire disparut enfin. Son visage tout entier prit l'air d'un masque de cire. Il ouvrit la bouche, prit une inspiration et son souffle fit un bruit nerveux, inquiétant. Je pouvais voir de la sueur luire faiblement sur son front, et je sentais sur le mien le froid que provoquait l'évaporation de la mienne.

Très doucement Waxnose me dit : "J'ai tué personne mon gars, personne. J'ai pas été engagé pour tuer du monde. Jusqu'à ce que Frisky encaisse ce pruneau, j'avais pas ce genre d'idées en tête. Vrai de vrai."

J'essayais de ne pas fixer le tube de métal au bout du Woodsman.

Une lueur vacilla au fond de ses yeux, une petite lueur faible et brumeuse. Elle semblait grandir et devenir plus claire. Il regarda par terre entre ses pieds.

---

6. **to be lying** : *être allongé* ; **to lie (lay, lain)** 1. *être couché, allongé.* 2. *être, se trouver, rester, être situé, consister, résider.* ❐ **to lie (lied, lied)**, *mentir*.
7. **damn** : (forme adverbiale renforçant l'adj. qui suit) *sacrément, rudement, joliment* ; **it's damn hot**, *il fait sacrément chaud.*
8. **row** : 1. (ici) *rangée, série, file.* 2. *rang* ; **in the front row**, *au premier rang.* 3. *ruelle* ; ❐ **row**, *promenade en canot* ; **to row**, *ramer.*
9. **I didn't have no...** : double négation incorrecte (**no** au lieu de **any**).
10. **straight** : 1. (ici) *vrai.* 2. (adv.) *tout droit, directement, droit* ; **to go straight to the point**, *aller droit au but* ; ❐ **straight** (adj.)1. *droit* 2. *net, simple* ; **straight whisky**, *whisky sec* .3. *équitable, franc.*

I looked around at the light-switch, but it was too far away. He looked[1] up again. Very slowly he began to unscrew the silencer. He had it loose[2] in his hand. He dropped it back into his pocket, stood up, holding the two guns, one in each hand. Then he had another idea. He sat down again, took all the shells[3] out of the Lüger quickly and threw it on the floor after them.

He came towards me softly across the room. 'I guess this is your lucky day', he said. 'I got to go a place and see a guy.'

'I knew all along it was my lucky[4] day. I've been feeling so good.'

He moved delicately around me to the door and opened it a foot and started through the narrow opening, smiling again.

'I gotta see a guy', he said very gently, and his tongue moved along his lips.

'Not yet', I said, and jumped.

His gun-hand was at the edge[5] of the door, almost beyond the edge. I hit[6] the door hard and he couldn't bring it in quickly enough. He couldn't get out of the way. I pinned[7] him in the doorway[8], and used all the strength I had. It was a crazy thing. He had given[9] me a break and all I had to do was to stand still[10] and let him go. But I had a guy to see too- and I wanted to see him first.

---

1. **to look up** : 1. (ici) *lever les yeux, relever la tête, respecter*. 2. (fam.) *reprendre, s'améliorer* (affaire). 2. *consulter, chercher*.
2. **loose** : 1. *détaché, défait, lâche, mobile, détendu, mou, décousu*. 2. *relâché, dissolu*.
3. **shell** : *balle*.
4. **lucky** : *chanceux, heureux, veinard* ; **to be lucky**, *avoir de la chance* ; **lucky strike**, *coup heureux* ; **luckless**, *malchanceux* ; ❒ **luck** : *hasard, chance* ; **good luck**, *bonne chance* ; **bad luck**, *malchance, guigne* ; **to be in luck**, *être en veine* ; **to be out of luck**, *jouer de malheur, ne pas être en veine*.
5. **edge** : 1. (ici) *bord, rebord, lisière, arête, angle*. 2. *fil, coupant, tranchant*.

Je regardai en direction de l'interrupteur, mais il était trop loin. Il leva les yeux à nouveau. Très lentement, il commença à dévisser le silencieux. Celui-ci défait, il le laissa tomber dans sa poche, se leva, tenant les deux flingues, un dans chaque main. Puis il eut une autre idée. Il se rassit, retira rapidement toutes les balles du Lüger et envoya ce dernier les rejoindre par terre.

Il revint vers moi sans bruit et me dit : "Je crois que c'est ton jour de chance. Faut que j'aille quelque part voir un type."

"J'ai toujours su que c'était mon jour de chance. Je me suis senti si bien."

Me contournant soigneusement, il se dirigea vers la porte, l'entrouvrit, et, souriant à nouveau, entreprit de sortir par cet étroit passage.

"Faut qu'je vois un type", dit-il très doucement, et il se passa la langue sur les lèvres.

"Pas encore", dis-je en bondissant.

Sa main armée d'un flingue était au rebord de la porte, presque au-delà. Je poussai violemment la porte et il ne put la retirer assez vite. Il ne pouvait se dégager. Je le bloquai dans l'encadrement en y mettant toute ma force. C'était un truc insensé. Il m'avait laissé ma chance et tout ce que j'avais à faire était de ne pas bouger et de le laisser partir. Mais moi aussi j'avais un type à voir - et je voulais être le premier à le rencontrer.

---

6. **to hit** : 1. (ici) *frapper*. 2. **to hit on sth,** *découvrir, trouver* (indice) ; **you've hit it !** *vous y êtes ! dans le mille !* ❒ **hit** : 1. *coup* 2. *coup réussi, succès, clou.*
7. **to pin** : 1. (ici) *bloquer, clouer, river, coincer.* 2. *épingler, attacher avec une épingle, cheviller* ; ❒ **pin** : 1. *épingle*, **tie-pin,** *épingle de cravate, barrette.* 2. *goupille.*
8. **doorway** : *encadrement de la porte, portail.*
9. **he had given me a break** : m. à m. *il m'avait donné un répit* ; **break** 1. (ici) *moment de repos, répit, récréation.* 2. *rupture, cassure, brèche, éclaircie.*
10. **still** : 1. (ici) *immobile, tranquille* ; **to stand still,** *se tenir tranquille.* 2. *calme, silencieux* ; ❒ **standstill,** *arrêt, immobilisation, stagnation* ; **business is at a standstill,** *les affaires ne marchent pas.*

Waxnose leered[1] at me. He grunted[2]. He fought with his hand beyond the door edge. I shifted and hit his jaw with all I had. It was enough. He went limp[3]. I hit him again. His head bounced[4] against the wood. I heard a light thud[5] beyond the door edge. I hit him a third time. I never hit anything any harder.

I took my weight back from the door then and he slid towards me, blank-eyed[6], rubber-kneed[7] and I caught him and twisted his empty hands behind him and let him fall. I stood over him panting[8]. I went to the door. His Woodsman lay almost on the sill[9]. I picked it up, dropped it into my pocket - not the pocket that held Miss Huntress's gun. He hadn't even found that.

There he lay on the floor. He was thin, he had no weight, but I panted just the same. In a little while his eyes flickered open and looked up at me.

'Greedy guy[10]', he whispered wearily[11]. 'Why did I ever leave Saint Looey[12]?'

I snapped[13] handcuffs on his wrists and pulled him by the shoulders into the dressing-room and tied his ankles with a piece of rope. I left him lying on his back, a little sideways, his nose as white as ever, his eyes empty now, his lips moving a little as if he were talking to himself. A funny lad[14], not all bad, but not so pure I had to weep over him either.

I put my Lüger together and left with my three guns. There was nobody outside the apartment house.

---

1. **to leer** : 1. (ici) *regarder, lorgner d'un air méchant*. 2. *lancer une œillade, regarder d'un air égrillard.*
2. **to grunt** : *grogner.*
3. **limp** : 1. (ici) *mou, molle, flasque* ; **to feel limp**, *se sentir fatigué*. 2. (n.) *boitement, claudication* ; **to limp**, *boiter, traîner la jambe.*
4. **to bounce** : 1. (ici) *rebondir* ; **to bounce in**, *entrer à l'improviste*. 2. (fam.) *faire de l'épate, bluffer*. 3. (US sl.) *flanquer à la porte* ; ❐ **bouncer**, *videur* 4. (US sl.) *être sans provision* ; **bouncing- check, bouncer**, *chèque sans provision.*
5. **thud** : *bruit sourd, son mat* ; **to thud**, *tomber avec un bruit sourd.*

Waxnose me fixa en grimaçant et en grognant. Il se débattait avec son bras coincé de l'autre côté de la porte. Je me déplaçai et lui cognai sur la mâchoire de toutes mes forces. C'était suffisant. Il devint tout mou. Je lui recognai dessus. Sa tête rebondit contre la boiserie. J'entendis quelque chose tomber avec un bruit mat de l'autre côté de la porte. Je cognai une troisième fois. Je n'avais jamais rien cogné aussi violemment.

J'ôtai mon poids de la porte et il glissa vers moi, les yeux dans le vide et les genoux flasques. Je l'attrapai, tordis ses mains vides derrière lui et le laissai tomber. Je restai au- dessus de lui, haletant. J'allai vers la porte. Son Woodsman était à terre, presque sur le seuil. Je le ramassai et le laissai tomber dans ma poche - pas celle qui contenait l'arme de Miss Huntress. Il n'avait même pas découvert ça.

Il était maintenant étendu sur le plancher. Il était maigre, ne pesait rien, mais je haletais quand même. Au bout d'un petit moment, ses yeux clignèrent et il les leva vers moi.

"Salopard de rapace", murmura-t-il péniblement. "Pourquoi avoir quitté Saint-Louis ?"

Je refermai les menottes sur ses poignets, le tirai par les épaules jusqu'au cabinet de toilette et lui ficelai les chevilles avec un bout de corde. Je le laissai étendu sur le dos un peu de côté, le nez plus blanc que jamais, les yeux vides maintenant, les lèvres remuant un peu comme s'il se parlait à lui-même. Un drôle de type, pas complètement mauvais, mais pas pur au point qu'il faille que je verse des larmes sur lui.

Je rechargeai mon Lüger et sortis avec mes trois flingues. Il n'y avait personne devant mon immeuble.

---

6. **blank-eyed** : m. à m. *aux yeux vides.*
7. **rubber-kneed** : m. à m. *aux genoux en caoutchouc.*
8. **to pant** : 1. (ici) *haleter, palpiter.* 2. *désirer, brûler de.*
9. **sill** : *rebord, seuil, tablette* ; **window-sill**, *rebord de fenêtre.*
10. **he lay** : cf. **to lie** p. 136.
11. **greedy guy** : m. à m. *mec avide* ; **greedy** 1. *avide, âpre, cupide.* 2. *glouton, vorace.*
12. **wearily** : *d'un air, d'un ton las, fatigué, péniblement.*
13. **Saint Looey = Saint Louis.**
14. **I snapped handcuffs** : m. à m. *je fis claquer des menottes* ; **to snap**, 1. *faire claquer.* 2. *saisir, happer.* 3. *rompre, briser.* 2. *dire d'un ton cassant* (indique une action brève).
15. **lad** : *type, gars, jeune homme.*

8

The Jeeter mansion was on a nine- or ten-acre[1] knoll[2], a big colonial pile[3] with fat white columns and dormer windows[4] and magnolias and a four-car garage. There was a circular parking space at the top of the driveway[5] with two cars parked in it - one was the big dreadnought[6] in which I'd ridden and the other a canary-yellow sports convertible[7] I had seen before.

I rang a bell the size of a silver dollar. The door opened and a tall narrow cold-eyed bird in dark clothes looked out at me.

'Mr Jeeter home ? Mr Jeeter, Senior ?'

'May I arsk[8] who is calling ?' the accent was a little too thick, like cut Scotch.

'John Dalmas. I'm working for him. Maybe I had ought[9] to of gone to the servant's entrance.'

He hitched[10] a finger at a wing collar and looked at me without pleasure. 'Aw, possibly. You may step in. I shall inform Mr Jeeter. I believe he is engaged[11] at the moment. Kindly wait'ere in the 'all.'

'The act stinks[12]', I said. 'English butlers aren't dropping[13] their h's this year.'

'Smart guy, huh ?' he snarled, in a voice from not any farther[14] across the Atlantic than Hoboken[15]. 'Wait here.' He slid away.

1. **acre** : *acre* (0,4 hectare), *arpent*.
2. **knoll** : *monticule, butte.*
3. **pile** : *pile, pieu* ; **foundation pile**, *pieu de fondation.*
4. **dormer-window** : *lucarne, fenêtre mansardée.*
5. **driveway** (US) : = **carriage drive**, allée privée reliant à une route (pour voiture).
6. **dreadnought** : *cuirassé* (littéralement, **dread**, *craint*, , **nought**, *rien*) ; ❐ **nought** = **naught**, *rien, néant, zéro.*
7. **convertible (car)** : (*auto*) *décapotable.*
8. **arsk** : **ask**, prononcé avec un accent forcé.
9. **I had ought to of gone** : accumulation d'incorrections (**had ought, of gone**) par Dalmas, pour se moquer de son interlocuteur.

La demeure des Jeeter se trouvait sur une butte d'environ quatre hectares, un vaste empilage de style colonial avec de grosses colonnades blanches, fenêtres mansardées, magnolias et un garage pour quatre voitures. Au sommet de l'allée privée venant de la route, se trouvait un espace circulaire de stationnement où étaient parquées deux voitures - l'une était le gros "cuirassé" dans lequel j'avais roulé et l'autre la décapotable sport jaune canari que j'avais vue auparavant.

J'appuyai sur un bouton de sonnette de la taille d'un dollar en argent. La porte s'ouvrit et un grand oiseau étriqué, aux yeux froids, vêtu de sombre, sortit me regarder.

"M. Jeeter est là ? M. Jeeter père ?"

"Puis-je demander qui se présente ?" L'accent était un peu trop forcé, comme du scotch dilué.

"John Dalmas. Je travaille pour lui. Peut-être que j'aurais dû passer par l'entrée de service."

Il passa un doigt dans un col à bords cassés et me regarda avec déplaisir.

"Heu, c'est possible. Vous pouvez entrer. Je vais vous annoncer à M. Jeeter. Je crains qu'il ne soit pas disponible pour le moment. Veuillez attendre dans le 'al.'"

"Le numéro est foireux", dis-je, "Les maîtres d'hôtel anglais aspirent le 'h' cette année."

"Un petit malin, hein ?" grogna-t-il, avec un accent qui en fait d'outre-Atlantique ne venait pas plus loin qu'Hoboken. "Attendez ici." Il s'éclipsa.

---

10. **to hitch** : 1. (ici) *fixer, accrocher, remuer*.
11. **to be engaged** : 1. (ici) *être occupé, pris* ; **this seat is engaged** : *cette place est réservée*. 2. *être fiancé*.
12. **the act stinks** : m. à m. *le rôle sent mauvais* ; **to stink (stank, stunk)**, *empester, puer* ; **stinking** : *nauséabond, puant*.
13. **to drop one's h's (aitches)** : m. à m. *laisser tomber les h*. Ne pas prononcer les **h** (plus exactement ne pas les expirer) comme le fait le maître d'hôtel (**wait'ere in' the 'all**, au lieu de **wait here in the hall**) est la marque d'un niveau social peu élevé, et surtout, ici, trahit son numéro de faux Anglais.
14. **farther** : *plus loin*, **farther end**, *extrémité* ❑ **further**, *au-delà*; *supplémentaire*.
15. **Hoboken** : port industriel sur l'Atlantique au nord-est de Manhattan, dans le New Jersey.

I sat down in a carved[1] chair and felt thirsty. After a while the butler came cat-footing[2] back along the hall and jerked his chin at me unpleasantly.

We went along a mile of hallway. At the end it broadened without any doors into a huge sunroom[3]. On the far side of the sunroom the butler opened a wide door and I stepped past him into an oval room with a black-and-silver oval rug[4], a black marble table in the middle of the rug, stiff[5] high-backed carved chairs against the walls, a huge oval mirror with a rounded[6] surface that made me look like a pygmy with water on the brain, and in the room three people.

By the door opposite where I came in, George the chauffeur stood stiffly[7] in his neat[8] dark uniform, with his peaked cap in his hand. In the least uncomfortable of the chairs sat Miss Harriet Huntress holding a glass in which there was half a drink. And around the silver margin of the oval rug, Mr Jeeter, Senior, was trying his legs out in a brisk[9] canter[10], still under wraps[11], but mad inside. His face was red and the veins on his nose were distended. His hands were in the pockets of a velvet smoking jacket[12]. He wore a pleated[13] shirt with a black pearl in the bosom[14], a batwing[15] black tie, and one of his patent[16] leather Oxfords[17] was unlaced.

He whirled and yelled at the butler behind me : 'Get out and keep those doors shut ! And I'm not at home to anybody, understand ? Nobody !'

The butler closed the doors. Presumably, he went away. I didn't hear him go.

---

1. **to carve** : 1. (ici) *graver, sculpter*. 2. *découper* (viande).
2. **cat-footing** : m. à m. *marchant comme un chat.*
3. **sunroom = sunparlor** : *véranda, solarium.*
4. **rug** : 1. (ici) *tapis*. 2. *couverture.*
5. **stiff** : 1. (ici) *macchabée, cadavre*. 2. (adj.) *raide, rigide* ; **stiff regulations**, *règlement draconien* ; *tendu* (marché) ; *difficile, élevé* (prix).

Je pris place sur un siège sculpté. J'avais le gosier sec. Au bout d'un moment, le maître d'hôtel revint à pas feutrés et me fit signe d'un mouvement sec et déplaisant du menton.

Nous empruntâmes un couloir de plus d'un kilomètre. A son extrémité, il s'élargissait, sans porte de séparation, sur une immense véranda. De l'autre côté, le maître d'hôtel ouvrit une large porte et je pénétrai derrière lui dans une pièce ovale, avec un tapis ovale noir et argent, une table de marbre noir au milieu du tapis, des sièges droits en bois sculpté à hauts dossiers le long des murs, un énorme miroir ovale à surface bombée qui me rendit semblable à un pygmée hydrocéphale et, dans la pièce, trois personnes.

A l'opposé de la porte par où j'étais entré, se tenait, tout raide, Georges dans son uniforme sombre bien ajusté, sa casquette à visière à la main. Dans le moins inconfortable des sièges était assise Miss Huntress, un verre à demi rempli à la main. Et autour du bord argenté du tapis ovale, M. Jeeter père, s'essayant les jambes dans un petit galop alerte, se contenant encore, mais fou de rage à l'intérieur. Son visage était congestionné et les veinules de son nez dilatées. Ses mains étaient enfoncées dans les poches d'un veston d'intérieur en velours. Il portait une chemise plissée avec une perle noire sur le plastron, un gros nœud papillon noir et l'un des lacets de ses souliers de ville vernis était défait.

Il pivota et hurla derrière moi à l'intention du maître d'hôtel : "Sortez et que ces portes restent fermées ! Et je n'y suis pour personne, compris ? Personne !"

Le maître d'hôtel ferma les portes. Il s'en alla, sans doute. Mais je ne l'entendis pas s'éloigner.

---

6. **rounded** : (ici) *convexe, bombé.*
7. **stiffly** : *avec raideur.*
8. **neat** : (ici) *bien arrangé, bien ajusté.* cf. p. 38.
9. **brisk** : *alerte, animé, vif, plein d'entrain.*
10. **canter** : *petit galop* ; **to win in a canter** : *arriver bon premier.*
11. **under wraps** : m. à m. *couvert par la censure*, donc, ici, *se retenant de parler* ; **wraps** : *censure, discrétion absolue.*
12. **smoking jacket** : *veste d'intérieur* ❒ *smoking*, **dinner-coat, tuxedo.**
13 **to pleat** : *plisser* ; **pleated,** *plissé* ; **pleat** : *pli.*
14. **bosom** : 1. (US) ici *devant, plastron.* 2. *giron, sein.*
15. **bat-wing** : *nœud papillon* ; syn. **bow-tie** ; **bat** : 1. *chauve-souris.* 2. *batte, battoir.*
16. **patent leather** : *cuir verni.*
17. **Oxfords** : *chaussures basses, derby.*

George gave me a cool one-sided[1] smile and Miss Huntress gave me a bland[2] stare over her glass. 'You made a nice comeback[3], she said demurely[4].

'You took a chance leaving me alone in your apartment', I told her. 'I might have sneaked[5] some of your perfume.'

'Well, what do you want ?' Jeeter yelled at me. 'A nice sort of detective you turned out[6] to be. I put you on a confidential job and you walk right in on Miss Huntress and explain the whole thing to her.'

'It worked, didn't it ?'

He stared. They all stared. 'How do you know that ?' he barked[7].

'I know a nice girl when I see one. She's here telling you she had an idea she got not to like, and for you to quit[8] worrying about it. Where's Mister Gerald ?'

Old Man Jeeter stopped and gave me a hard level stare. 'I still regard you as incompetent', he said. 'My son is missing[9].'

'I'm not working for you. I'm working for Anna Halsey. Any complaints you have to make should be addressed to her. Do I pour my own drink or do you have a flunkey[10] in a purple suit to do it ? And what do you mean, your son is missing ?'

'Should I give him the heave[11], sir ?' George asked quietly.

Jeeter waved his hand at a decanter and siphon and glasses on the black marble table and started around the rug again. 'Don't be silly', he snapped at George.

---

1. **one-sided** :1. (ici) *en coin, d'un seul côté, unilatéral.* 2. *asymétrique.* 3. *injuste, inégal, partial.*
2. **bland** : 1. (ici) *narquois, mielleux.* 2. *aimable, affable, doux.*
3. **comeback** : *retour, rentrée.*
4. **demurely** : *avec une modestie affectée, d'un air de sainte-nitouche* ; **demure** : 1. *d'une modestie affectée.* 2. *grave, modeste, réservé(e)*; ❒ **demureness** : 1. *air de sainte nitouche* 2. *gravité de maintien.*

Georges m'adressa un sourire en coin, tiède, et Miss Huntress me fixa d'un air narquois au-dessus de son verre. "Vous avez fait une belle rentrée", dit-elle avec un air de sainte nitouche.

"Vous avez pris un risque en me laissant seul dans votre appartement", lui dis-je. "J'aurais pu vous faucher un peu de votre parfum."

"Bon, qu'est-ce que vous voulez ?" me hurla Jeeter. "Une jolie sorte de détective, vous vous êtes avéré. Je vous confie un travail confidentiel et vous allez directement chez Miss Huntress pour lui expliquer toute l'affaire."

"Ça a marché, pas vrai ?"

Il me regarda d'un air ébahi. Les autres en firent de même.

"Je sais reconnaître une fille bien quand j'en vois une. Elle est là à vous dire qu'elle a eu une idée qu'elle s'est mise à ne plus apprécier, et que vous pouvez cesser de vous tracasser à cet égard. Où est M. Gérald ?"

Le vieux Jeeter s'arrêta et me regarda avec sévérité.

"Je continue à vous considérer comme incompétent", dit-il. "Mon fils a disparu."

"Je ne travaille pas pour vous. Je travaille pour Anna Halsey. Toute réclamation que vous avez à formuler devrait lui être adressée. Est-ce que je me sers moi-même ou bien avez-vous un valet de pied en livrée mauve pour le faire ? Et qu'entendez-vous par 'mon fils a disparu' ?"

"Dois-je lui faire lever l'ancre, monsieur ?" demanda Georges doucement.

Jeeter me signala de la main une carafe et un siphon et des verres sur la table de marbre noir et recommença sa ronde autour du tapis. "Ne soyez pas idiot, Georges", aboya-t-il.

---

5. **to sneak** : 1. ici (fam.) *faucher, chiper, barboter* 2. *agir furtivement, sournoisement.*
6. **to turn out** : 1. (ici) *se trouver, s'avérer, tourner, se mettre.* 2. *sortir, paraître* (en public) 3. *mettre dehors* 4. *fabriquer, produire.*
7. **to bark** : 1. (ici) *aboyer, dire d'un ton sec.* 2. *décortiquer.*
8. **to quit** : 1. ici (US) *cesser* 2. (US) *démissionner.* 3. *quitter.*
9. **missing** : 1. (ici) *manquant, disparu, absent* . 2. *égaré, perdu.*
10. **flunkey** : 1. (ici) *valet de pied, larbin.* 2. *aide-cuisinier.*
11. **to give the heave** : (sl.) *virer, balancer, flanquer dehors* ; vient de l'expression des marins britanniques, **heave-ho**, *oh hisse.*

George flushed[1] a little, high on his cheekbones[2]. His mouth looked tough.

I mixed myself a drink and sat down with it and tasted it and asked again : 'What do you mean your son is missing, Mr Jeeter ?'

'I'm paying you good money', he started to yell at me, still mad.

'When ?'

He stopped[3] dead in his canter and looked at me again. Miss Huntress laughed lightly. George scowled[4].

'What do you suppose I mean - my son is missing ?' he snapped. 'I should have thought that would be clear enough even to you. Nobody knows where he is. Miss Huntress doesn't know. I don't know. No one at any of the places where he might be knows.'

'But I'm smarter than they are', I said. '*I* know.'

Nobody moved for a long minute. Jeeter stared at me fish-eyed[5]. George stared at me. The girl stared at me. She looked puzzled. The other two just stared.

I looked at her. 'Where did you go when you went out, if you're telling ?'

Her dark blue eyes were water-clear. 'There's no secret about it. We went out together - in a taxi. Gerald had had his driving licence[6] suspended for a month. Too many tickets[7]. We went down towards the beach and I had a change[8] of heart, as you guessed. I decided I was just being a chiseler[9] after all. I didn't want Gerald's money really.

---

1. **to flush** : 1. (ici) *s'empourprer, rougir*. 2. *jaillir, inonder, faire jaillir* (eau).
2. **cheekbone** : *pommette* ; **prominent cheekbones**, *pommettes saillantes*.
3. **to stop dead** : *s'arrêter net* ; **dead** (adv.) *absolument* ; **dead sure**, *absolument sûr* ; **dead drink**, *ivre mort* ; **dead broke**, *fauché comme les blés* ; **dead-beat** : *fourbu* ; **dead-end**, *impasse, cul-de-sac*.
4. **to scowl** : 1. (ici) *froncer les sourcils, se renfrogner, regarder de travers*. 2. **to scowl at**, *menacer du regard*.
5. **fish-eyed** : m. à m. *avec des yeux de poisson*.

Les pommettes de Georges s'empourprèrent légèrement. Sa bouche se durcit.

Je me préparai un verre, m'assis pour le goûter, puis je demandai à nouveau : "Qu'entendez-vous dire par 'mon fils a disparu', monsieur Jeeter ?"

"Je vous paie de bon argent", commença-t-il à me hurler, toujours furieux.

"Quand ?"

Il arrêta net son petit galop et me regarda à nouveau. Miss Huntress émit un léger rire. Georges fronça les sourcils.

"Que supposez-vous que je veuille dire - mon fils a disparu ?" jeta-t-il d'un ton cassant. "J'aurais pensé que cela serait assez clair, même pour vous. Personne ne sait où il est. Miss Huntress ne le sait pas. Je ne le sais pas. Personne, dans n'importe lequel des endroits où il pourrait se trouver, ne sait."

"Mais je suis plus malin qu'eux", dis-je. "*Moi*, je sais."

Pendant une longue minute personne ne bougea. Jeeter me fixa avec des yeux de merlan frit. Georges et la fille également. Elle paraissait intriguée. Les deux autres se contentaient de me fixer.

Je la regardai. "Où êtes-vous allée quand vous êtes sortie, si vous voulez bien nous le dire ?"

Ses yeux d'un bleu profond étaient clairs comme de l'eau de roche. "Il n'y a rien de secret. Nous sommes sortis ensemble - en taxi. Gérald s'était fait retirer son permis depuis un mois. Trop de contraventions. Nous sommes descendus à la plage, et, comme vous l'avez deviné, j'ai changé d'avis. J'ai jugé que, en fin de compte, je n'étais en train de devenir qu'un escroc. En réalité, ce n'était pas l'argent de Gérald que je voulais.

---

6. **had had his driving licence suspended** : *il s'était fait retirer son permis,* ❐ *se faire* + infinitif + complément est rendu en anglais par **to have** + complément + participe passé.
7. **ticket** : 1. ici (sl.) *contravention.* 2. *billet, ticket* .3. (US) *liste de candidats.*
8. **a change of heart** : m. à m. *un changement de son for intérieur.*
9. **chiseler** : *petit escroc, 'faisan'* ; syn. **swindler** ; sur **to chisel,** 1. *escroquer.* 2. *ciseler, tailler au burin* ; **chisel,** 1. *ciseau (menuisier, sculpteur).* 2. *filouterie* ❐ d'où la devinette-jeu de mots : **why is a carpenter like a swindler ? Because he chisels a deal** (**carpenter,** *menuisier* ; **deal,** 1. *bois, planche* et *affaire, marché.*)

'What I wanted was revenge. On Mr Jeeter here for ruining my father. Done all legally of course, but done just the same. But I got myself in a spot[1] where I couldn't have my revenge and not look like a cheap chiseler. So I told Gerald to find some other girl to play with. He was sore[2] and we quarrelled. I stopped the taxi and got out in Beverly Hills. He went on. I don't know where. Later I went back to the El Milano and got my car out of the garage and came here. To tell Mr Jeeter to forget the whole thing and not bother to stick sleuths[3] on to me.'

'You say you went with him in a taxi', I said. 'Why wasn't George driving him, if he couldn't drive himself ?'

I stared at her, but I wasn't talking to her. Jeeter answered me, frostily[4]. 'George drove me home from the office, of course. At that time Gerald had already gone out. Is there anything important about that ?'

I turned to him. 'Yeah. There's going to be. Mister Gerald is at the El Milano. Hawkins the house dick told me. He went back there to wait for Miss Huntress and Hawkins let[5] him into her apartment. Hawkins will do you those little favours - for ten bucks. He may be there still[6] and he may not.'

I kept[7] on watching them. It was hard to watch all three of them. But they didn't move. They just looked at me.

---

1. **spot** :1. ici (US sl.) *situation gênante, pétrin*. 2. *endroit, lieu, site, place* ; ❒ **on the spot** : 1. *sur les lieux*. 2. *immédiatement, sur-le-champ* ; **spot delivery**, *livraison immédiate* ; **to be killed on the spot**, *être tué sur le coup* ; **spot cash**, *argent comptant* ; **a weak spot**, *un point faible*. 3. *tache, souillure* .4. *goutte* (vin) ; **just a spot of...** : *deux doigts de ...* 5. (US) *poste, position dans la hiérarchie*. 6. *spot, séquence* (publicité) ; ❒ **to spot**, 1. *tacher* . 2. (fam.) *repérer*.
2. **sore** : 1. (ici) *fâché, ulcéré, dépité* . 2. *douloureux, endolori*.
3. **sleuth** : ici (US) *limier, détective*, d'un emploi plutôt littéraire. A l'origine **sleuth** signifiait *piste* (**trail, track**) qui donna **sleuthhound**, m. à m. *chien-limier*.

"Ce que je voulais, c'était me venger. De M. Jeeter, pour avoir ruiné mon père, tout à fait légalement, bien sûr, mais ruiné tout de même. Mais je m'étais mise moi-même dans une situation où je ne pouvais obtenir ma revanche sans passer pour un escroc de bas étage. Aussi j'ai dit à Gérald de se trouver une autre fille pour faire joujou. Ça l'a ulcéré et nous nous sommes disputés. J'ai arrêté le taxi et suis descendue à Beverly Hills. Il a continué. Je ne sais pas où. Plus tard, je suis revenue à l'El Milano, j'ai sorti ma voiture du garage et suis venue ici. Pour dire à M. Jeeter d'oublier toute cette affaire et de ne plus s'embarrasser à coller des limiers à mes trousses."

"Vous êtes, selon vous, partie avec lui en taxi", dis-je. "Pourquoi Georges ne le conduisait pas, s'il ne pouvait conduire lui-même ?"

Je la fixai mais ce n'est pas à elle que je m'adressais. Jeeter me répondit d'un ton glacial : "Georges m'a ramené de mon bureau, bien sûr. A ce moment-là, Gerald était déjà sorti. Cela a-t-il une quelconque importance ?"

Je me tournai vers lui. "Ouais. Ça va en avoir une. M. Gérald est à l'El Milano. C'est Hawkins, le flic de l'hôtel, qui me l'a dit. Il y est revenu pour attendre Miss Huntress et Hawkins l'a laissé entrer dans l'appartement. Hawkins vous accordera ces petites faveurs - pour dix dollars. Gérald peut donc y être encore, ou pas du tout."

Je continuais à les observer. C'était dur d'observer les trois en même temps. Mais ils ne bougèrent pas. Ils ne faisaient que me regarder.

---

4. **frostily** : sur **frosty** 1. (ici) *glacial, gelé.* 2. *couvert de givre* ; **frost** : 1. *gel, gelée* ; **glazed frost,** *verglas.* 2. *fiasco* (fam.) **the play was a frost,** *la pièce a été un four* ; **frosted,** 1. *gelé,* 2. *givré* 3. *dépoli* (verre).
5. **to let into** : 1.(ici) *laisser entrer* ; **to be let into a secret,** *être mis dans le secret* ; *encastrer, incruster* (qqch.). 2. *s'attaquer* (à qn.).
6. **still** : 1. (ici) adv. *encore* ; **I have still ten dollars** : *il me reste dix dollars* ; **still more,** *encore plus.* 2. (conj.) *cependant, néanmoins, toutefois.*
7. **to keep on** (+-ing) : 1. (ici) *continuer de, ne pas cesser de.* 2. *avancer.* 3. *garder, ne pas ôter, ne pas renvoyer.*

'Well - I'm glad to hear it', Old Man Jeeter said. 'I was afraid he was[1] off somewhere getting drunk[2].'

'No. He's not off anywhere getting drunk', I said. 'By the way, among these places you called to see if he was there, you didn't call the El Milano?'

George nodded. 'Yes, I did. They said he wasn't there. Looks like this house peeper[3] tipped[4] the phone girl off not to say anything.'

'He wouldn't have to do that. She'd just ring the apartment and he wouldn't answer - naturally.' I watched Old Man Jeeter hard then, with a lot of interest. It was going to be hard for him to take that up[3], but he was going to have to do it.

He did. He licked his lips first. 'Why - naturally, if I may ask ?' he said coldly.

I put my glass down on the marble table and stood against the wall, with my hands hanging free. I still tried to watch them - all three of them.

'Let's go back over this thing a little', I said. 'We're all wise[6] to the situation. I know George is, although he shouldn't be, being just a servant. I know Miss Huntress is. And of course, *you* are, Mr Jeeter. So let's see what we have got. We have a lot of things that don't add[7] up, but I'm smart. I'm going to add them up anyhow. First off a handful of photostats of notes from Marty Estel. Gerald denies having given these and Mr Jeeter won't pay them, but he has a handwriting man named Arbogast check[8] the signatures, to see if they look genuine. They do. They are. This Arbogast may have done other things. I don't know. I couldn't ask him.

---

1. **to be off** : *partir, filer* ; **I must be off** : *il faut que je parte* ; **off they go !** *les voilà partis !* **Off we go !** *en route !*
2. **to get drunk** : *s'enivrer, prendre une cuite* ; **dead-drunk,** *ivre mort* ; **drunk with joy,** *ivre de joie* ; ❒ **drunk** (n.) *ivrogne, alcoolique*
3. **peeper** : 1. ici (US sl.) *détective privé.* 2. *curieux.*

"Bien, je suis heureux de l'apprendre", dit le vieux Jeeter. "Je craignais qu'il ne soit parti s'enivrer quelque part."

"Non. Il n'est pas en train de s'enivrer quelque part", dis-je. "A propos, parmi les endroits où vous avez téléphoné pour voir s'il était là, il n'y avait pas l'El Milano ?"

Georges hocha la tête. "Si, j'ai appelé. Ils ont répondu qu'il n'était pas là. Semble que le détective de l'hôtel ait dit à la standardiste de ne rien dire."

"Il n'avait pas besoin de ça. Elle n'avait qu'à appeler l'appartement et - naturellement - ça ne répondrait pas." J'observai le vieux Jeeter de près avec beaucoup d'intérêt. Cela allait être dur pour lui de relever ça, mais il allait falloir qu'il le fasse.

Il le fit. Il se passa la langue sur les lèvres d'abord. "Pourquoi '*naturellement*', si je puis me permettre ?" dit-il froidement.

Je reposai mon verre sur la table de marbre et m'adossai au mur, les mains libres, le long du corps. J'essayais toujours de les surveiller - les trois à la fois.

"Revenons un peu là-dessus", dis-je. "Nous sommes tous au fait de la situation. Je sais que Georges l'est, bien qu'il ne le doive pas, du fait de sa condition. Je sais que Miss Huntress l'est. Et bien sûr, *vous* l'êtes, monsieur Jeeter. Ainsi, voyons, ce que nous avons en main. Nous avons un tas de choses qui ne vont pas ensemble. Mais je suis astucieux et je vais, de toute façon, les rassembler. En premier lieu une poignée de photocopies de reconnaissances de dette appartenant à Marty Estel. Gérald nie les avoir signées et monsieur Jeeter ne les réglera pas, mais il fait vérifier les signatures par un expert en écriture nommé Arbogast, pour voir si elles sont authentiques. Elles le sont. Cet Arbogast peut avoir fait autre chose. Je l'ignore. Je n'ai pas pu lui demander.

---

3. **peepers** (fam.) *mirettes* ; **peep**, *coup d'œil* (furtif) ; **to peep**, *regarder à la dérobée, jeter un coup d'œil* ; **peeping Tom**, *voyeur*.
4. **to tip off** : m. à m. (US sl.) *renseigner*, *tuyauter*.
5. **to take up** : 1. (ici) *relever*. 2. *absorber*. 3. *prendre en main, s'adonner à, se mettre à*. 4. *arrêter* (police). 5. *comprendre*. 6. *occuper* (place)❐ **to be very much taken up**, *être très pris*.
6. **to be wise to** : (US fam.) *être au fait de* ; **to get wise to**, *se rendre compte de*.
7. **which don't add up** : m. à m. *qui ne s'additionnent pas* ; **to add**, *ajouter*, *joindre* ; **to add up**, *additionner*, *totaliser*.
8. **to check** : 1. (ici) *vérifier*. 2. *arrêter*, *enrayer*, *contenir*. 3. *mettre en échec* (échecs).

When I went to see him, he was dead - shot three times - as I've since heard - with a twenty-two. No, I didn't tell the police, Mr Jeeter.'

The tall silver-haired man looked horribly shocked[1]. His lean[2] body shook like a bullrush[3]. 'Dead ?' he whispered. 'Murdered ?'

I looked at George. George didn't move a muscle. I looked at the girl. She sat quietly, waiting, tight-lipped.

I said, 'There's only one reason to suppose his killing had anything to do with Mr Jeeter's affairs. He was shot with a twenty-two - and there is a man in this case who wears[4] a twenty-two.'

I still had their attention. And their silence.

'Why he was shot I haven't the faintest idea. He was not a dangerous man to Miss Huntress or Marty Estel. He was too fat to get around much. My guess[5] is he was a little too smart. He got a simple case of signature identification and he went on from there to find out more than he should. And after he had found out more than he should - he guessed more than he ought - and maybe he even tried a little blackmail[6]. And somebody rubbed[7] him out this afternoon with a twenty-two. O.K., I can stand[8] it. I never knew him.

'So I went over to see Miss Huntress and after a lot of finagling[9] around with this itchy-handed[10] house dick I got to see her and we had a chat[11], and then Mister Gerald stepped neatly out of hiding and bopped[12] me a nice one on the chin and over I went and hit my head on a chair leg. And when I came out of that the joint[13] was empty. So I went home.'

---

1. **to shock** : 1. (ici) *bouleverser, secouer, frapper d'indignation.* 2. *choquer, effaroucher, scandaliser.* 3. *commotionner.*
2. **lean** : *amaigri, décharné, efflanqué* ; **lean year,** *année maigre, disette.*
3. **bullrush** : *jonc des marais* ; **rush,** *jonc.*
4. **to wear (wore, worn)** : 1. *porter* (vêtement, arme, etc.) 2. *user* ; **to wear well,** *faire bon usage, bien porter son âge* ; **worn out,** *usé, usagé, fatigué.*

Quand je suis allé le voir, il était mort - tué, comme je l'ai appris depuis - de trois balles de 22. Non, je n'ai pas averti la police, monsieur Jeeter."

Cet homme de haute taille aux cheveux argentés parut particulièrement secoué. Son corps efflanqué trembla comme une feuille de jonc. "Mort", murmura-t-il. "Assassiné ?"

Je regardai Georges. Il ne broncha pas. Je regardai la fille. Elle était assise tranquillement, attendant, les lèvres serrées.

"Il n'y a qu'une seule raison de supposer que ce meurtre ait une quelconque relation avec l'affaire Jeeter. Il a été abattu avec un 22 - et dans cette affaire il y a un homme qui trimballe un 22."

J'avais toujours leur attention, et leur silence.

"Pourquoi on l'a abattu, je n'en ai pas la moindre idée. Il n'était pas dangereux pour Miss Huntress ou pour Marty Estel. Il était trop gros pour se déplacer beaucoup. Selon moi, il s'est montré un petit peu trop futé. Il avait une simple affaire d'identification de signature et, de là, il s'est mis à découvrir plus qu'il n'aurait dû. Et après qu'il eut découvert plus qu'il ne devait, il a deviné plus qu'il n'aurait dû - et peut-être même a-t-il tenté un petit chantage et quelqu'un l'a effacé cet après-midi avec un 22. O.K. Je peux tenir le coup. Je ne l'avais jamais rencontré.

"Alors je suis parti voir Miss Huntress et après un tas de finasseries et de graissage de pattes avec le flic maison, je suis arrivé à la voir, on a bavardé puis monsieur Gérald est sorti proprement de sa cachette et m'en a envoyé une bonne sur le menton, je suis tombé et je me suis cogné la tête contre un pied de fauteuil. Quand je suis revenu à moi, la boîte était vide. Alors je suis rentré chez moi."

---

5. **my guess** : m. à m., *mon estimation* ; **guess**, *conjoncture, hypothèse*/.6. **blackmail** : *chantage, extorsion* ; **to blackmail**, *faire chanter*.
7. **to rub out** :1. ici (sl.), *abattre*,'*effacer*'. 2. *effacer* (gomme).
8. **to stand** : 1. (ici) *supporter, tenir*. 2. *être debout*.
9. **to finagle** : (US. sl.) *manœuvrer, louvoyer*.
10. **itchy-handed house dick** : m. à m. *flic maison à la main âpre au gain* ❒ **to have an itch for money**, *être âpre au gain*.
11. **chat** : *causette*, '*bavette*.'
12. **to bop** : (US. sl.) *(se) cogner*.
13. **joint** : cf. p. 104.

'And home I found the man with the twenty-two and with him a dimwit called Frisky Lavon, with a bad breath and a very large gun, neither of which matters now as he was shot dead[1] in front of your house to-night, Mr Jeeter - shot trying to stick up your car. The cops know about that one - they came to see me about it - because the other guy, the one that packs[2] the twenty-two, is the little dimwit's brother and he thought I shot Dimwit and tried to pull the beef[3] on me. But it didn't work. That's two killings.

'We now come to the third and most important. I went back to the El Milano because it no longer seemed a good idea for Mister Gerald to be running around casually[4]. He seemed to have a few enemies. It even seemed that he was supposed to be in the car this evening when Frisky Lavon shot at it - but of course that was just a plant[5].'

Old Jeeter drew his white eyebrows together in an expression of puzzlement[6]. George didn't look puzzled. He didn't look anything. He was as wooden-faced as a cigar-store Indian[7]. The girl looked a little white now, a little tense. I ploughed on[8].

'Back at the El Milano I found that Hawkins had let Marty Estel and his bodyguard into Miss Huntress's apartment to wait for her. Marty had something to tell her - that Arbogast had been killed. That made it a good idea for her to lay off young Jeeter for a while - until the cops quieted down anyhow. A thoughtful guy, Marty. A much more thoughtful guy than you would suppose."

---

1. **to shoot dead :** *tuer d'une balle* . ❒ **to shoot (shot, shot),** 1. (ici) *tirer, faire feu, atteindre d'un coup de feu, abattre, décharger* ; **to shoot straight,** *bien viser*. 2. *lancer* (projectile), *décocher* (flèche). 3. *prendre une photo* ; **to shoot a film,** *tourner un film.* 4. **to shoot a goal,** *marquer un but* . ❒ **shot** : 1. *coup de feu*. 2. *coup* ; **good shot,** *bien joué* ; **to make a bad shot,** *rater son coup*. 3. *prise de vues* , *plan* (cinéma).
2. **to pack** : ici (US sl.) *porter une arme* ; syn. (sl.) **to tote.**
3. **to pull the beef** : *faire porter l'accusation* ; **beef,** ici (US sl.) *plainte, accusation* ; syn. **grudge.**

"Là j'ai trouvé l'homme au calibre 22 accompagné d'un demeuré nommé Frisky Lavon, avec une mauvaise haleine et un énorme flingue, ce qui dans les deux cas n'a plus d'importance, car il s'est fait descendre ce soir, monsieur Jeeter, en face de votre maison - descendu alors qu'il essayait d'attaquer votre voiture. Les flics sont au courant pour lui - ils sont venus me voir pour ça - parce que l'autre type, celui qui trimbale un 22, est le frère du petit demeuré et, pensant que c'était moi qui l'avais abattu, il avait essayé de faire porter l'accusation contre moi. Mais ça n'a pas marché. Ça nous fait deux meurtres.

"On en arrive maintenant au troisième, le plus important : je suis revenu à l'El Milano parce que ça ne semblait plus une bonne idée que monsieur Gérald se balade sans se biler. Il paraissait avoir quelques ennemis. Il semblait même qu'on supposait qu'il était dans la voiture ce soir quand Frisky Lavon lui a tiré dessus - mais bien sûr ce n'était qu'un coup monté."

Le vieux Jeeter fronça ses sourcils blancs avec une expression de perplexité. Georges n'avait pas l'air perplexe. Il n'exprimait rien. Il avait le visage de bois d'une enseigne représentant un Indien dans un magasin de cigares. La fille semblait un peu pâle maintenant, un peu tendue. Je continuai à labourer.

"De retour à l'El Milano, j'ai vu que Hawkins avait laissé Marty Estel et son garde du corps monter à l'appartement de Miss Huntress pour l'y attendre. Marty avait quelque chose à lui dire : qu'Arbogast avait été assassiné. Et que ce serait une bonne idée de laisser tomber le jeune Jeeter pour un temps - jusqu'à ce que les flics se calment, de toute façon. Un type prudent, Marty. Un type beaucoup plus prudent que vous ne le supposez.

---

4. **casually** : cf. p. 56.
5. **plant** : 1. (ici) *coup monté, combiné, escroquerie*. 2. *planque, cachette*. 3. *complice, compère*.
6. **puzzlement** : *embarras, perplexité* ; **puzzle**, 1. *perplexité*. 2. *énigme*. 3. *casse-tête, devinette*.
7. **cigar-store Indian**: m. à m. *un indien de magasin de cigares*.
8. **to plough on** : 1. *labourer, creuser* (sillon). 2. *recaler, coller* ; **to get ploughed**, *échouer, être collé* ; **to plough through**, *avancer difficilement*.

For instance, he knew about Arbogast and he knew Mr Jeeter went to Anna Halsey's office this morning and he knew somehow - Anna might have told him herself, I wouldn't put it past her[1] - that I was working on the case now. So he had me tailed[2] to Arbogast's place and away, and he found out later from his cop friends that Arbogast had been murdered, and he knew I hadn't given[3] it out. So he had me there and that made us pals. He went away after telling me this and once more I was left alone in Miss Huntress's apartment. But this time for no reason at all I poked[4] around. And I found young Mister Gerald, in the bedroom, in a closet.'

I stepped quickly over to the girl and reached into my pocket and took out the small fancy[5] .25 automatic and laid it down on her knee.

'Ever see this before ?'

Her voice had a curious tight[6] sound, but her dark blue eyes looked at me levelly[7].

'Yes. It's mine.'

'You kept it where ?'

'In the drawer of a small table beside the bed.'

'Sure about that ?'

She thought. Neither of the two men stirred.

George began to twitch[8] the corner of his mouth. She shook her head suddenly, sideways.

'No. I have an idea I took it out to show somebody - because I don't know much about guns - and left it lying on the mantel in the living-room. In fact, I'm almost sure I did. It was Gerald I showed it to.'

---

1. **I wouldn't put it past her** : m. à m. *je ne mettrais pas cela au-delà d'elle* (c. à d. *de ce qu'elle serait capable de faire*).
2. **to tail** : cf. p. 120.
3. **to give out** : ici, la préposition **out** renforce **give**, dans son sens de *donner* (l'information).❒ **to give out** 1. *distribuer* 2. *annoncer* 3. (US) *accorder* (interview). 4. *manquer, faire défaut, être à bout.*
4. **to poke around = to poke one's nose into ...** : *fourrer son nez dans* ... ❒ **to poke**, cf. p. 51, 74.

Par exemple, il savait pour Arbogast et il savait que M. Jeeter était allé au bureau d'Anna Halsey ce matin, et en quelque sorte il savait - Anna aurait pu le dire elle-même, elle en serait bien capable - que je travaillais maintenant sur l'affaire. Aussi m'avait-il fait suivre, entrant chez Arbogast puis en sortant, et il avait découvert plus tard, par ses copains flics, qu'Arbogast avait été assassiné et il savait que je n'en avais pas soufflé mot. Ainsi, là, il me tenait, et ça nous rendait copains. Il est parti après m'avoir expliqué tout ça et une fois de plus je me suis retrouvé seul dans l'appartement de Miss Huntress. Mais cette fois-ci, sans du tout aucune raison, j'ai mis mon nez dans les parages. Et j'ai trouvé, dans la chambre à coucher, le jeune M. Gérald dans un placard.

Je fis rapidement un pas vers la fille, mis la main dans ma poche et en sortis le petit automatique 25 fantaisie, et le posai sur ses genoux.

"Déjà vu ça auparavant ?"

Sa voix avait un son curieusement tendu, mais ses yeux bleu sombre me regardaient avec sang-froid.

"Oui, c'est le mien."

"Où le gardiez-vous ?"

"Dans le tiroir d'une petite table près du lit."

"Vous êtes sûre de cela ?"

Elle réfléchit. Aucun des deux hommes ne bougeait. Les coins de la bouche de Georges se crispèrent. Soudain elle secoua la tête de côté.

"Non. J'ai idée que je l'ai sorti pour le montrer à quelqu'un - parce que je ne m'y connais pas beaucoup en pistolets - et que je l'ai laissé posé sur la tablette de la cheminée du salon. En fait, je suis presque sûre d'avoir fait ça. C'est à Gérald que je l'ai montré."

---

5. **fancy** : 1. ici (adj.) *fantaisie* ; **fancy goods**, *nouveautés*. 2. (n.) *imagination, fantaisie*. 3. *caprice, lubie*.
6. **tight** (adj.) 1. (ici) *tendu, raide*. 2. *étanche, hermétique*. 3. *serré, étriqué, juste* (vêtement) ; **tight shoes**, *chaussures trop étroites*.4. *rare* (argent). 5. (fam.) *ivre, gris*.
7. **levelly** : m. à m. *de façon soutenue* ; **level** (adj.) 1. *régulier, soutenu, uniforme, réglé*. 2. *à niveau, égal, uni* ; **level** (n.), *niveau*.
8. **to twitch** : 1. (ici) *se crisper, se contracter, clignoter, avoir un tic*. 2. *tirer, donner une saccade* ; **twitch**, 1. *crispation, contraction* ; **facial twitch**, *tic*. 2. *saccade*. 3. *élancement*.

'So he might have reached for it there, if anybody tried to make a wrong play[1] at him ?'

She nodded, troubled. 'What do you mean - he's in the closet ?' she asked in a small quick voice.

'You know. Everybody in this room knows what I mean. They know that I showed you that gun for a purpose[2].' I stepped away from her and faced George and his boss. 'He's dead, of course. Shot through the heart - probably with this gun. It was left there with him. That's why it would be left[3].'

The old man took a step and stopped and braced himself against the table. I wasn't sure whether he had turned[4] white or whether[5] he had been white already. He stared stonily[6] at the girl. He said very slowly, between his teeth : 'You damned[7] murderess !'

'Couldn't it have been suicide[8] ?' I sneered.

He turned his head enough to look at me. I could see that the idea interested him. He half nodded.

'No', I said, 'it couldn't have been suicide.'

He didn't like that so well. His face congested with blood and the veins on his nose thickened[9]. The girl touched[10] the gun lying on her knee, then put her hand loosely around the butt. I saw her thumb slide very gently towards the safety catch. She didn't know much about guns, but she knew that much.

'It couldn't be suicide', I said again, very slowly. 'As an isolated event[11] - maybe. But not with all the other stuff that's been happening.'

---

1. **to make a wrong play at** : m. à m. *pratiquer le jeu qu'il ne fallait pas* ; **wrong**, 1. (ici) *mauvais, erroné* ; **they arrested the wrong man**, *ils ont arrêté cet homme par erreur* ; **wrong note**, *fausse note* ; **wrong number**, *erreur de numéro* ; **wrong thing**, *impair* ; **wrong side of the road**, *contre-voie* ; **wrong answer**, *fausse réponse*. 2. *mal, mauvais*. ❑ **there is sth. wrong**, *il y a qqch. qui ne va pas*.
2. **purpose** : *dessein, but, objet, intention* ; **on purpose**, *en vue de, dans l'intention de* ; **for all purposes**, *à toutes fins*.

"Il aurait donc pu s'en saisir, si quiconque avait essayé de jouer au méchant avec lui ?"

Elle hocha la tête, inquiète. "Que voulez-vous dire par - il était dans le placard ?" demanda-t-elle d'une petite voix vive.

"Vous le savez. Tout le monde dans cette pièce sait ce que je veux dire. Ils savent que c'est à dessein que je vous ai montré cette arme." Je m'écartai d'elle et fis face à Georges et à son patron. "Il est mort, bien sûr. Abattu d'une balle dans le cœur, sans doute avec ce pistolet. Laissé près de lui. Et laissé exprès."

Le vieux s'avanca d'un pas et s'arrêta pour prendre appui contre la table. Je ne savais plus s'il avait blêmi ou s'il était déjà blême. Il fixa la fille d'un regard glacial : "Ignoble meurtrière !"

"Ça ne pourrait pas être un suicide ?" ricanai-je.

Il tourna la tête, suffisamment pour me regarder. Je pus voir que cette perspective l'intéressait. Il acquiesça à demi.

"Non", dis-je. "Ça ne pouvait pas être un suicide."

Il n'apprécia pas trop cela. Son visage se congestionna et les veines de son nez enflèrent. La fille mit la main sur le pistolet posé sur son genou, puis elle la posa sur la crosse, sans la serrer. Je vis son pouce glisser très doucement vers le cran de sûreté. Elle ne connaissait pas grand-chose aux armes à feu, mais ça, elle connaissait.

"Ça ne pouvait pas être un suicide", répétai-je très lentement. "Comme cas isolé - peut-être. Mais pas avec tous les autres trucs qui se sont passés."

---

3. **that's why it would be left** : m. à m. *c'est pourquoi il serait laissé.*
4. **to turn** : 1. (ici) *devenir; se changer, se transformer, se diriger* ; ❒ **to turn all the colours of the rainbow,** *passer par toutes les couleurs de l'arc-en-ciel.* 2. *tourner, faire tourner, transformer.*
5. **whether... or** : *si ... oui* (si exprime l'alternative *oui* ou *non* , et non pas la condition, exprimée par **if**).
6. **stonily** : formé sur **stony**, (ici) *dur, froid, glacial, de marbre* ; *rocailleux* ; **stony-hearted,** *insensible.*
7. **damned** : 1. ici (fam.) *sacré(e), fichu(e).* 2. *damné(e).*
8. **suicide** : *suicide* ; ❒ **to commit suicide,** *se suicider.*
9. **to thicken** : 1. (ici) m. à m. *s'épaissir.* 2. *lier* (sauce). 3. *augmenter* (foule). 4. *s'embrouiller, se compliquer.*
10. **to touch** : 1. (ici) *toucher, effleurer.* 2. *faire de l'effet, émouvoir.* 3. *concerner.*
11. **event** : 1. (ici) m. à m. *événement.* 2. *cas* ; **in the event of,** *au cas où.* 3. *épreuve, réunion sportive.*

Arbogast, the stick-up[1] down on Calvello. Drive outside this house. the thugs[2] planted[3] in my apartment, the job[4] with the twenty-two.'

I reached into my pocket again and pulled out Waxnose's Woodsman. I held it carelessly on the flat of my left hand. 'And curiously enough, I don't think it was *this* twenty-two - although this happens to be the gunman's twenty-two. Yeah, I have the gunman[5] too. He's tied up in my apartment. He came back to knock[6] me off, but I talked[7] him out of it. I'm a swell talker[8].'

'Except that you overdo[9] it,' the girl said coolly, and lifted the gun a little.

'It's obvious[10] who killed him, Miss Huntress,' I said. 'It's simply a matter of motive[11] and opportunity[12]. Marty Estel didn't, and didn't have it done. That would spoil his chances to get his fifty grand. Frisky Lavon's pal didn't, regardless of who he was working for, and I don't think he was working for Marty Estel. He couldn't have got into the El Milano to do the job, and certainly not into Miss Huntress's apartment. Whoever did it had something to gain by it and an opportunity to get to the place where it was done. Well, who has something to gain ? Gerald had five million coming to him in two years out of a trust. He couldn't will it until he got it. So if he died, his natural heir got it. Who's his natural heir ? You'd be surprised. Did you know that in the state of California and some others, but not in all, a man can by his own act become a natural heir ? Just by adopting somebody who has money and no heirs !'

---

1. **stick-up = hold up** ; cf. p. 77.
2. **thug** : *malfrat, apache, bandit, homme de main, assassin, gangster* ❐ mot d'origine indienne désignant, en Inde, les membres d'une bande d'assassins professionnels qui étranglaient leurs victimes.
3. **to plant** : ici (US sl.) *planquer, cacher*.
4. **job** : 1. ici (US sl.) *crime, coup, vol*. 2. *réparation*. 3. *auto, article*.

Arbogast, l'attaque dans Calvello Drive devant cette maison, les malfrats postés dans mon appartement, le crime avec le 22. "

Je remis la main dans ma poche et sortis le Woodsman de Waxnose. Je le tins négligemment sur le plat de ma main gauche. "Assez curieusement, je ne pense pas que ce soit avec *ce* 22 - bien qu'il se trouve appartenir au gangster. Ouais, je tiens aussi celui-là. Il est attaché dans mon appartement. Il était revenu pour m'abattre, mais je l'ai persuadé de laisser tomber. J'ai un baratin de première classe."

"Sauf que vous en faites un peu trop", dit la fille d'un ton froid, en élevant un peu son arme.

"L'identité de l'assassin saute aux yeux, Miss Huntress", dis-je. "C'est simplement une question de mobile et d'occasion favorable. Marty Estel n'a pas tué ni fait tuer. Cela ruinerait ses chances de récupérer ses cinquante bâtons. Le pote de Frisky Lavon n'a pas tué, quel que soit son employeur, et je ne crois pas qu'il travaillait pour Marty Estel. Il n'aurait pas pu pénétrer dans l'El Milano pour faire le coup, et certainement pas dans l'appartement de Miss Huntress. Qui que ce soit qui l'ait fait avait quelque chose à en tirer et l'occasion d'accéder au lieu du crime. Bon, qui avait quelque chose à gagner ? Gérald avait cinq millions de dollars, à venir dans deux ans à sa sortie de tutelle. Il ne pouvait léguer quoi que ce soit avant. Or, s'il mourait, son héritier naturel ramassait la mise. Qui est son héritier naturel ? Vous serez surpris. Saviez-vous que dans l'Etat de Californie et dans d'autres, mais pas dans tous, un homme peut, de son propre fait, devenir un héritier naturel ? Simplement en adoptant quelqu'un qui a de l'argent et pas d'héritiers !"

---

5. **gunman = gunnie** : *bandit, gangster* ; syn. **thug, hoodlum.**
6. **to knock off** : (US sl.) ici *assassiner, descendre.*
7. **to talk sb. out of** : m. à m. *parler à qn pour le mettre hors de qqch.*
8. **talker** : 1. (ici) *baratineur, beau parleur.* 2. *bavard, causeur* ; **great talkers are little doers,** *les grands diseurs ne sont pas des faiseurs.*
9. **to overdo** : 1. (ici) *charger* (rôle), *forcer la note, exagérer.* 2. *surmener.* 3. *faire trop cuire* ☐ **overdone,** trop cuit.
10. **obvious** : *évident, clair* ; **to miss the obvious,** *chercher midi à quatorze heures.*
11. **motive** : 1. (ici) *mobile* 2. *motif.*
12. **opportunity** : (ici) *occasion favorable.*

George moved then. His movement was once more as smooth as a ripple[1] of water. The Smith & Wesson gleamed[2] dully[3] in his hand., but he didn't fire it. The small automatic in the girl's hand cracked[4]. Blood spurted[5] from George's brown hard hand. The Smith & Wesson dropped to the floor. He cursed[6]. She didn't know much about guns - not very much.

'Of course !' she said grimly[7]. 'George could get into the apartment without any trouble, if Gerald was there. He would go in through the garage, a chauffeur in uniform, ride up in the elevator and knock at the door. And when Gerald opened it, George would back[8] him in with that Smith & Wesson. But how did he know Gerald was there ?'

I said : 'He must have followed your taxi. We don't know where he has been all evening since he left me. He had a car with him. The cops will find out. How much was in it for you, George ?'

George held his right wrist with his left hand, held it tightly, and his face was twisted[9], savage[10]. He said nothing.

'George would back him in with the Smith & Wesson,' the girl said wearily. 'Then he would see my gun on the mantelpiece. That would be better. He would use that. He would back Gerald into the bedroom, away from the corridor, into the closet[11], and there, quietly, calmly, he would kill him and drop the gun on the floor.'

'Nice people these college boys. Was it Dartmouth[12] or Dannemora, George ? George killed Arbogast, too.

---

1. **ripple** : 1. (ici) *ondulation, léger clapotis*. 2. *murmures* (ruisseau).
2. **gleamed dully** : m. à m. *luit faiblement, sans éclat* ; **to gleam,** *luire* (cf. p. 40) ❐ **dull**, 1. (ici) *mat, terne*. 2. *lent, lourd, obtus*. 3. *ennuyeux, triste*. 4. *sombre, couvert*.
3. **to crack** : 1. (ici) *claquer*. 2. *se crevasser, se fissurer*. 3. *muer* (voix). 4. *fendre, casser* (noix) ; (fam.) **to crack a bottle,** *vider une bouteille*. 5. (fam.) **to crack a joke,** *lancer une blague* .
4. **spurt** : prétérit de **to spirt (spurt, spurt)**, *gicler, jaillir*. ❐ **to spurt**, *s'emballer*.

Alors Georges bougea. Il effectua un mouvement une fois encore aussi coulé et silencieux qu'une ondulation dans l'eau. Le Smith & Wesson jeta dans sa main un éclat mat, mais il ne tira pas. Le petit automatique que tenait la fille claqua. Du sang gicla de la main solide et bronzée de Georges. Le Smith & Wesson tomba à terre. Il poussa un juron. Elle ne s'y connaissait pas beaucoup en armes à feu - pas énormément.

"Bien sûr !" dit-elle d'un air sévère. "Georges pouvait monter à l'appartement sans problème si Gérald était là. Il n'avait qu'à passer par le garage, en uniforme de chauffeur, prendre l'ascenseur et frapper à la porte. Et quand Gérald lui a ouvert, il l'a fait reculer à l'intérieur avec ce Smith & Wesson. Mais comment savait-il que Gérald était là ?"

"Il a dû suivre votre taxi", dis-je, "nous ne savons pas où il est allé toute la soirée, après m'avoir quitté. Il avait une voiture. Les flics mettront ça au clair. Il y avait combien de prévu pour vous, Georges ?"

Georges tenait son poignet droit de la main gauche, étroitement serré, le visage contracté et farouche. Il resta muet.

"Georges l'a fait reculer avec le Smith & Wesson", reprit la fille avec lassitude. "Puis il a vu mon arme sur le dessus de la cheminée. Ça serait plus approprié. Il allait utiliser ça. Il ferait reculer Gérald dans la chambre, depuis le couloir, jusque dans le placard, et là, tranquillement, calmement, il le tuerait et laisserait tomber l'arme par terre."

"Des gens bien, ces types qui vont à l'Université. C'était Dartmouth ou Dannemora, Georges ? Georges a également tué Arbogast.

---

5. **to curse** : 1. (ici) *pousser un juron*. 2. *maudire*.
6. **grimly** : formé sur **grim**, *sévère*, *sinistre*, *menaçant* ; **grim humour**, *humour macabre*.
7. **to back** : 1. (ici) *faire reculer*. 2. *faire marche arrière*. 3. *soutenir* (fam;) *pistonner*, *renforcer*.
8. **twisted** : m. à m. *tordu* (par la douleur) ; **to twist**, 1. *tordre*, *se tordre* ; **to twist one's ankle**, *se faire une entorse*. 2. *se mettre en spirale*.
9. **savage** : 1. (ici) *farouche*, *furieux* .2. *sauvage*, *féroce*.
10. **closet** : 1. (ici) *placard*, *débarras*. 2. *cabinet particulier*.
11. **Dartmouth or Dannemora** : **Dartmouth College**, université du New Hampshire (E. U.) ; **Dannemora**, petite ville de l'Etat de New York possédant un pénitencier. La question, ironique, équivaut à "*La Sorbonne ou la Santé* ?"

'He killed him with a twenty-two because he knew that Frisky Lavon's brother had a twenty-two, and he knew that because he had hired Frisky and his brother to put over a big scare on Gerald - so that when he was murdered it would look as if Marty Estel had[1] had it done. That was why I was brought out here to-night in the Jeeter car - so that the two thugs who had been warned and planted could pull[2] their act and maybe knock me off, if I got tough. Only George likes to kill people. He made a neat shot at Frisky. He hit him in the face. It was so good a shot I think he meant[3] it to be a miss. How about it, George ?'

Silence.

I looked at old Jeeter at last. I had been expecting him to pull a gun himself, but he hadn't. He just stood there, open-mouthed, appalled[4], leaning against the black marble table, shaking.

'My God !' he whispered. 'My God !'

'You don't have one - except money. You-'

A door squeaked behind me. I whirled, but I needn't have bothered. A hard voice, about as English as Amos[5] and Andy, said : 'Put 'em up[6] bud[7].'

The butler, the very English butler, stood there in the doorway, a gun in his hand, tight-lipped. The girl turned her wrist and shot him just kind of casually, in the shoulder or something. He squealed[8] like a stuck pig.

'Go away, you're intruding[9],' she said coldly.

He ran. We heard his steps running.

'He's going to fall,' she said.

---

1. **had had it done** : m. à m. *l'avait fait faire.* ❐ trad. de *faire faire qqch.*, **to have** + complément + participe passé.
2. **to pull an act** : (sl.) *faire un numéro* ; **to pull a heist, a job,** *faire un coup.*
3. **he meant it to be a miss** : m. à m. *il avait l'intention que ce soit un coup manqué* ; **miss,** 1. *coup manqué, perdu.* 2. (fam.) *absence.* 3. (fam.) *fausse couche.*
4. **appalled** : *consterné, accablé, épouvanté* ; **appalling,** *effroyable.*

"Il l'a tué avec un 22 parce qu'il savait que le frère de Frisky Lavon avait un 22, et il savait ça parce qu'il avait embauché Frisky et son frère pour flanquer une grosse trouille à Gérald - aussi quand ce dernier a été assassiné, on aurait eu l'impression que c'était Marty Estel qui l'avait commandité. C'est pourquoi on m'a amené ici ce soir dans la voiture de Jeeter : pour que les deux malfrats, qui, prévenus, étaient en embuscade, puissent faire leur numéro et, le cas échéant, me buter si je me montrais coriace. Seulement Georges aime tuer les gens. Il a descendu Frisky sans bavures : en plein visage. C'était un si bon tir que je pense qu'il avait l'intention de l'effleurer. Qu'en dis-tu, Georges ?"

Silence.

Enfin je tournai les yeux vers le vieux Jeeter. Je m'étais attendu à ce qu'il sorte un flingue à son tour mais il n'en fut rien. La bouche ouverte, accablé, il se tenait simplement debout, tremblant, appuyé contre la table en marbre noir.

"Mon Dieu !" murmurait-il. "Mon Dieu ! "

"Vous n'en avez pas - à part le fric. Espèce de..."

Une porte grinça derrière moi. Je me retournai en vitesse. Mais je n'avais pas besoin de me donner ce souci. Une voix dure, à peu près aussi anglaise que celle d'Amos et Andy, fit : "Les pattes en l'air, mon pote !"

Le maître d'hôtel, le maître d'hôtel très "british", se tenait dans l'encadrement de la porte, un flingue à la main et les lèvres pincées. La fille fit tourner son poignet, et, comme si de rien n'était, lui logea une balle dans l'épaule ou dans les parages. Il se mit à couiner comme un porc qu'on égorge.

"Sortez, vous nous importunez", dit-elle froidement.

Il déguerpit. Nous l'entendîmes détaler.

"Il va tomber", dit-elle.

---

5. **Amos and Andy** : (souvent écrit **Amos 'n' Andy**) célèbre tandem comique de la chaîne de radio NBC, dans les années trente et quarante, puis à la télévision sur la chaîne CBS dans les années cinquante.
6. **put ' em up = put them up.**
7. **bud = buddy** : 1. *copain, camarade, ami*. 2. *bourgeon*.
8. **to squeal** : 1. (ici) *crier* (comme un cochon). 2. (fam.) *protester, pousser des hauts cris*.
9. **to intrude** : 1. (ici) *être importun, déranger*. 2. *s'introduire* (de force).

I was wearing my Lüger in my right hand now, a little late in the season, as usual. I came around with it. Old man Jeeter was holding[1] on to the table, his face grey as a paving block[2]. His knees were giving. George stood cynically, holding a handkerchief around his bleeding[3] wrist, watching him.

'Let him fall,' I said. 'Down[4] is where he belongs.'

He fell. His head twisted. His mouth went slack[5]. He hit the carpet on his side and rolled a little and his knees came up. His mouth droole[6] a little. His skin turned violet.

'Go call the law[7], angel,' I said. 'I'll watch them now.'

'All right,' she said standing up. 'But you certainly need a lot of help in your private-detective business, Mr Dalmas.'

9

A shiny black bug[8] with a pink head crawled slowly along the top of the old scarred desk. It wobbled[9] as it crawled, like an old lady with too many parcels. At the edge it marched straight off into the air, fell on its back on the dirty brown linoleum, waved a few thin worn legs in the air and then played dead. A minute of that and it put the legs out again, struggled[10] over on its face and trundled[11] off, wobbling towards the corner of the room.

I had been in there for a solid hour, alone.

---

1. **to hold on** : (ici) *se cramponner, se maintenir.* ❐ **hold on !** 1. (au téléphone) *ne quittez pas !* 2. (fam.) *pas si vite !*
2. **paving block = paving stone,** *pavé.*
3. **to bleed (bled, bled)** : 1. (ici) *saigner* .2. (fam.) *se saigner, verser son sang.*
4. **down** : *en bas, à ras de terre,* également (fam.) *en enfer,* aussi pourrait-on traduire par : "*Qu'il chute ! L'Enfer est à lui.*"
5. **slack** : 1. (ici) *avachi, flasque, mou.* 2. *dégonflé* (pneu), *desseré* (écrou) 3. *négligent, nonchalant.* 4. *faible.*
6. **to drool** (US) : 1. (ici) *baver.* 2. = **to drivel,** *radoter.*

J'avais maintenant mon Lüger à la main gauche, un peu tard pour la saison, comme d'habitude. Je m'approchai avec. Le vieux Jeeter se cramponna à la table, le visage gris comme un pavé. Ses genoux le lâchaient. Georges restait debout à le regarder, l'air cynique, maintenant un mouchoir autour de son poignet en sang.

"Qu'il tombe !" dis-je. "Le ras du sol est son domaine."

Il tomba. Sa tête se tordit. Sa bouche s'avachit. Il heurta le parquet sur le côté, roula légèrement tandis que ses genoux se repliaient. Un peu de bave sortit de sa bouche et sa peau vira au violet.

"Va appeler les autorités, mon ange", dis-je, "je vais les surveiller, maintenant."

"Très bien", dit-elle en se levant. "Mais vous avez certainement besoin de pas mal d'assistance dans vos activités de détective privé, monsieur Dalmas."

9

Un insecte noir brillant avec une tête rose rampait lentement le long du dessus couturé de marques du bureau. Il se traînait en zigzaguant, comme une vieille dame chargée de trop de paquets. Au bord, il avança droit dans le vide, tomba sur le dos, sur le lino brun sale, agita dans l'air quelques pattes minces et usées, puis fit le mort. Au bout d'une minute,il redéploya ses pattes, se débattit pour se remettre d'aplomb et repartit lourdement, zigzaguant vers le coin de la pièce.

J'étais là depuis une bonne heure, seul.

---

7. **the law** : 1. (ici) m. à m. *la loi*, donc *l'autorité* ; **to break the law**, *enfreindre la loi*. 2. ❒ droit, **civil law**, *le droit civil* ; **common law**, *le droit coutumier* ; **law-student**, *étudiant en droit* ; **to read law**, *faire son droit*.
8. **bug** : 1. ici (US) *insecte*. 2. *punaise*. 3. (US. fam.) *micro-espion*. 4. *défaut, vice de fabrication*. 5. *folie, mode, idée fixe* . 6. (informatique) *parasite*.
9. **to wobble** : 1. *vaciller, tanguer, zigzaguer, tituber, chevroter*. 2. *tergiverser, hésiter*.
10. **to struggle** : 1. (ici) *se débattre, se démener*. 2. *lutter*.
11. **to trundle off** : 1. ici (US) *marcher lourdement*. 2. *faire rouler, pousser* (brouette).

There was the scarred desk in the middle, another against the wall, a brass spittoon[1] on a mat, a police loudspeaker box on the wall, three squashed[2] flies, a smell of cold cigars and old clothes. There were two hard armchairs with felt pads[3] and two hard straight chairs without pads. The electric light fixture[4] had been dusted about Coolidge's[5] first term[6].

The door opened with a jerk and Finlayson and Sebold came in. Sebold looked as spruce[7] and nasty as ever, but Finlayson looked older, more worn, mousier[8]. He held a sheaf[9] of papers in his hand. He sat down across the desk from me and gave me a hard bleak[10] stare.

The loudspeaker on the wall put out a bulletin about a middle-aged Negro running south on San Pedro from 11th after a holdup. He was wearing a grey suit and felt hat. 'Approach carefully. This suspect is armed with a thirty-two calibre revolver. That is all.' (When they caught him he had an ammonia gun, brown pants[11], a torn blue sweater, no hat, was sixteen years old, had thirty-five cents in his pocket, and was a Mexican.)

'Guys like you get in a lot of trouble,' Finlayson said sourly[12]. Sebold sat down against the wall and tilted[13] his hat over his eyes and yawned and looked at his new stainless-steel wrist watch.

'Trouble is my business,' I said. 'How else would I make a nickel ?'

'We oughta throw you in the can[14] for all this cover-up stuff. How much you making on this one ?'

---

1. **spittoon** : *crachoir* ; **to spit (spat, spat)** *cracher* ; (fam.) **spit it !** *accouche !*
2. **to squash** : 1. (ici) *écraser, aplatir ;* (fam.) *rembarrer*. 2. *s'écraser, se serrer.*
3. **pad** : 1. (ici) *coussinet, bourrelet, tampon* .2. *bloc* ; **note-pad,** *bloc-notes.*
4. **fixture** : 1. (ici) *appareil fixe.* 2. **fixtures,** *agencement, aménagement.*
5. **Coolidge, Calvin** (1872-1933) : 30e Président républicain des Etats-Unis (1923-1929).
6. **term** : 1. (ici) *mandat* .2. *borne, limite, terme.* 3. (école) *trimestre.* 4. **terms,** *conditions, clauses, relations, rapports.*

Il y avait, au milieu, le bureau couturé de marques, un autre contre le mur, un crachoir en cuivre sur un paillasson, un haut-parleur de la police sur le mur, trois mouches écrasées, une odeur de cigare froid et de vieux vêtements. Il y avait deux fauteuils durs avec des coussinets de feutre, et deux chaises droites, dures et sans coussinets. Le système d'éclairage électrique avait dû être dépoussiéré à peu près à l'époque du premier mandat de Coolidge.

La porte s'ouvrit d'un coup sec et Finlayson et Sebold entrèrent. Sebold avait l'air plus soigné et méchant que jamais, mais Finlayson paraissait vieilli, plus usé, plus falot. Il avait une liasse de papiers à la main. Il s'assit en travers du bureau devant moi et me fixa d'un regard morne et dur.

Le haut-parleur sur le mur émit un bulletin concernant un nègre d'âge moyen qui fuyait sur San Pedro, direction sud, venant de la 11e rue, après un braquage. Il portait un costume gris et un feutre. "S'approcher avec précaution. Suspect armé d'un revolver calibre 32. Terminé." (Quand ils l'attrapèrent, il avait un pistolet à gaz comprimé, un pantalon brun, un pull-over déchiré, n'avait pas de chapeau, était âgé de seize ans, avait trente-cinq cents en poche et était mexicain.)

"Les types comme vous s'attirent des tas d'ennuis", dit Finlayson d'un ton revêche. Sebold prit un siège contre le mur, rabattit son chapeau sur ses yeux et se mit à bâiller en regardant sa nouvelle montre-bracelet en acier inoxydable.

"Les ennuis, c'est mon problème", dis-je. "Sinon comment je pourrais me faire un rond ?"

"On devrait vous balancer au trou pour tout votre bazar de dissimulation des faits. Combien vous ramassez là-dessus ?"

---

7. **spruce** : *soigné, tiré à quatre épingles.*
8. **mousy** : 1. (ici) *effacé, terne, falot, insignifiant.* 2. *gris* (souris) 3. *infesté de souris.*
9. **sheaf** (pl. **sheaves**) : 1.(ici) *liasse, botte, faisceau.* 2. *gerbe.*
10. **bleak** : 1. (ici) *triste, morne.* 2. *désert.*
11. **pants** : (US) *pantalon.* ❒ (GB) **trousers.**
12. **sourly** : *aigrement* ; **sour**, 1. *aigre, acide.* 2. *revêche, aigre, acerbe.*
13. **to tilt** : *pencher, incliner* ; **to tilt ove,** *renverser.*
14. **can** : ici (US. sl.) *tôle ;* cf. p. 19.

'I was working for Anna Halsey who was working for old man Jeeter. I guess I made a bad debt[1].'

Sebold smiled his blackjack[2] smile on me. Finlayson lit a cigar and licked at a tear[3] on the side of it and pasted[4] it down, but it leaked[5] smoke just the same when he drew on it. He pushed papers across the desk at me.

'Sign three copies.'

I signed three copies.

He took them back, yawned and rumpled[6] his old grey head. 'The old man's had a stroke[7],' he said. 'No dice[8] there. Probably won't know what time it is when he comes out[9]. This George Hasterman, this chauffeur guy, he just laughs at us. Too bad he got pinked[10]. I'd like to wrestle[11] him a bit.'

'He's tough,' I said.

'Yeah. O.K., you can beat[12] it for now.'

I got up and nodded to them and went to the door. 'Well, good-night boys.'

Neither of them spoke to me.

I went out, along the corridor and down in the night elevator to the City Hall lobby.

I went out the Spring Street side and down the long flight[13] of empty steps and the wind blew cold. I lit a cigarette at the bottom. My car was still out at the Jeeter place. I lifted a foot to start walking to a taxi half a block down across the street. A voice spoke sharply from a parked car.

'Come here a minute.'

---

1. **a bad debt** : *créance irrécouvrable* ; **debt,** *dette, créance.*
2. **blackjack** (US) : 1. *assommoir, gourdin, matraque, nerf de bœuf, trique* (cf. p. 45) ; **to blackjack,** *assommer.* 2. *jeu de cartes* (21).
3. **tear** : *déchirure, accroc.* ❒ **tear,** *larme.*
4. **to paste (down)** : *coller, empâter* ; (fam.) *flanquer une raclée.*
5. **to leak** : *perdre, fuir, avoir une fuite.*
6. **to rumple** : *chiffonner, froisser, ébouriffer, dépeigner.*
7. **stroke** : 1. (ici) *attaque, apoplexie* ; **sunstroke,** *coup de soleil* 2. *coup.* 3. *trait, coup de crayon* ou *de pinceau.*

"Je travaillais pour Anna Halsey qui travaillait pour le vieux Jeeter. Je crois que j'ai travaillé pour des prunes."

Sebold m'adressa son sourire de matraqueur, Finlayson alluma un cigare, passa sa langue sur un de ses côtés, déchiré, pour le recoller, mais le cigare perdit de la fumée quand même quand il tira dessus. Il poussa des papiers vers moi.

"Signez trois exemplaires."

Je signai trois exemplaires.

Il les reprit et bâilla en ébouriffant sa vieille tignasse grise. "Le vieux a eu une attaque", dit-il. "Plus rien à tirer de lui. Il ne saura sans doute pas l'heure qu'il est quand il reviendra à lui. Ce type, Georges Hasterman, le chauffeur, ne fait que se payer notre tête. Dommage qu'il se soit fait trouer, j'aimerais bien lui caresser un peu les côtes."

"Il est coriace", dis-je.

"Ouais. O.K. Tu peux te barrer maintenant."

Je me levai, leur fis un signe de tête et me dirigeai vers la porte. "Eh bien, bonsoir les gars."

Ni l'un ni l'autre ne me répondirent.

Je sortis, pris le couloir et atteignis le vestibule de l'Hôtel de Ville par l'ascenseur de nuit.

Je descendis par la longue rampe d'escalier, côté Fleet Street, où soufflait un vent froid. En bas, j'allumai une cigarette. Ma voiture était toujours devant la demeure Jeeter. Je m'apprêtais à marcher vers un taxi à un demi-bloc plus bas, de l'autre côté de la rue, lorsqu'une voix, provenant d'une voiture, me héla impérieusement.

"Venez ici une minute !"

---

8. **no dice = of no avail = no use** : *futile, inutile, plus rien à en sortir* ; ❒ **die, dice,** *dé(s)* ; **the die is cast,** *le dé, le sort est jeté.*
9. **to come out** : (ici) *revenir à soi.*
10. **to pink** : 1. (ici) *percer, toucher* (fam.) *faire une boutonnière.* 2. *denteler.*
11. **to wrestle** : 1. ici (sl.) *caresser les côtes* .2. *lutter* (avec), *s'attaquer à.*
12. **to beat it** : (fam.) *se tirer, filer* ; syn. **to scram.**
13. **flight (of steps)** : 1. *rampe* (d'escalier), *escalier, perron* 2. *vol, envol, trajectoire.*

It was a man's voice, tight, hard. It was Marty Estel's voice. It came from a big sedan[1] with two men in the front seat. I went over there. The rear[2] window was down and Marty Estel leaned a gloved hand on it.

'Get in.' He pushed the door open. I got in. I was too tired to argue[3]. 'Take it away, Skin.'

The car drove west through dark, almost quiet streets, almost clean streets. The night air was not pure but it was cool. We went up over a hill and began to pick up[4] speed.

'What they get ?' Estel asked coolly.

'They didn't tell me. They didn't break[5] the chauffeur yet.'

'You can't convict[6] a couple million bucks of murder in this man's town.' The driver called Skin laughed without turning his head. 'Maybe I don't even touch my fifty grand now... She likes you;'

'Uh-huh. So what ?'

'Lay off her.'

'What will it get me ?'

'It's what it'll get you if you don't.'

'Yeah, sure,' I said, 'Go to hell[7], will you please. I'm tired.' I shut my eyes and leaned in the corner of the car and just like that went to sleep. I can do that sometimes, after a strain[8].

A hand shaking my shoulder woke me. The car had stopped. I looked out at the front of my apartment house.

'Home,' Marty Estel said,' And remember. Lay off her.'

'Why the ride[9] home ? Just to tell me that ?'

---

1. **sedan** : 1. (US) *conduite intérieure*. 2. **sedan-chair,** *chaise à porteur*.
2. **rear** : 1. (adj.) *arrière* ; **rear wheel,** *roue arrière*. 2. (n.) *arrière-garde, arrière, dernier rang, queue*.
3. **to argue** : *discuter, débattre, argumenter, raisonner*.
4. **to pick up** : 1. *prendre* (**speed,** *de la vitesse*) ; *ramasser, recueillir*. 2. *s'initier* (langue). 3. *trouver* (chemin). 4. *relever* (faute). 5. *capter*. 6. *accrocher* (fam.), *faire connaissance*.
5. **to break** : 1. ici (sl.) *faire parler*. .2. (*se*) *casser*, (*se*) *briser*, (*se*) *rompre, enfreindre*.

C'était une voix d'homme, dure et tendue. C'était la voix de Marty Estel. Elle venait d'une grosse conduite intérieure avec deux hommes assis à l'avant. J'approchai. La fenêtre arrière était baissée et Marty Estel avait posé dessus une main gantée.

"Montez !" Il poussa la porte. Je montai. J'étais trop fatigué pour discuter.

"En route, Skin."

La voiture roula vers l'ouest, à travers des rues sombres presque silencieuses et presque propres. L'air de la nuit n'était pas pur, mais frais. Nous atteignîmes le sommet d'une colline et prîmes de la vitesse.

"Qu'est-ce qu'ils ont trouvé ?" demanda Estel froidement.

"Ils ne me l'ont pas dit. Ils n'ont pas encore mis le chauffeur à table."

"Dans cette ville, pas question de condamner pour meurtre un paquet de deux millions de dollars." Le chauffeur nommé Skin s'esclaffa sans tourner la tête. "Peut-être bien que maintenant je ne vais même pas toucher mes cinquante bâtons... Elle vous aime bien."

"Hmm... Et alors ?"

"Laissez tomber."

"Qu'est-ce que je récolte ?"

"Ce que vous récolterez si vous ne laissez pas tomber."

"Ouais, sûr", dis-je. "Allez au diable, s'il vous plaît. Je suis fatigué." Je fermai les yeux et m'appuyant dans le coin de la voiture, je m'endormis. Je peux faire ça parfois, après un effort.

Une main secouant mon épaule me réveilla. La voiture s'était arrêtée. Je vis que j'étais en face de mon immeuble.

"Vous êtes chez vous", dit Marty Estel, "et, rappelez-vous, laissez-la."

"Pourquoi cette promenade jusque chez moi ? Uniquement pour me dire ça ?"

---

6. **to convict** : *déclarer coupable, condamner.*
7. **hell** : *enfer* ; **what the hell do you want ?** *que diable désirez-vous ?* ; **to hell with him !** *qu'il aille au diable !*
8. **strain** : 1. (ici) *effort, tension* ; **to speak without strain** : *parler avec facilité.* 2. *entorse, foulure.*
9. **ride** : 1. (ici) *promenade, course* (en voiture, à cheval, à vélo) ; (US. sl.) **to take s.o. for a ride**, *enlever qn* (pour le descendre). 2. *piste, allée cavalière.*

'She asked me to look out[1] for you. That's why you're loose[2]. She likes you. I like her. See ? You don't want any more trouble.'

'Trouble - ' I started to say, and stopped. I was tired of that gag for that night. 'Thanks for the ride, and apart from that, nuts to you.' I turned away and went into the apartment house and up.

The doorlock was still loose but nobody waited for me this time. They had taken Waxnose away long since. I left the door open and threw[3] the windows up and I was still sniffing at policeman's cigar butts when the phone rang. It was her voice, cool, a little hard, not touched by anything, almost amused. Well, she'd been through[4] enough to make her that way, probably.

'Hello, brown-eyes. Make it[5] home all right ?'

'Your pal[6] Marty brought me home. He told me to lay off[7] you. Thanks with all my heart, if I have any, but don't call me up any more.'

'A little scared, Mr Dalmas ?'

'No. Wait for me to call you,' I said. 'Good-night, angel.'

'Good-night, brown-eyes.'

The phone clicked. I put it away and shut the door and pulled[8] the bed down. I undressed and lay on it for a while in the cold air.

Then I got up and had a drink and a shower and went to sleep.

---

1. **to look out** : 1. (ici) *veiller*. 2. *regarder dehors, donner sur, avoir une vue sur*. 3. *être à la recherche de qn.* **(for s.o.)**, *guetter, être sur ses gardes*. 4. *chercher*. ❒ **look-out**, 1. *garde, guet, observation, surveillance* ; **to be on the look-out**, *être sur le qui-vive*.
2. *poste d'observation*. 3. *perspective*.

2. **loose** : ici 1. *libre, lâché* et plus loin à propos de la serrure. 2. *branlant(e) défaut, mal fixé*.

3. **to throw up (threw, thrown)** : 1. (ici) *lever, ouvrir haut* (fenêtre). 2. *jeter* (en l'air). 3. *rendre, vomir*. 4. *lâcher, renoncer* (affaire).

"Elle m'a demandé de veiller sur vous. C'est pour ça que vous êtes libre. Elle vous aime bien. Elle me plaît. Vu ? Vous ne cherchez pas plus d'ennuis."

"Des ennuis ..." commençai-je à dire, puis j'arrêtai. J'en avais assez de cette comédie, pour ce soir. "Merci pour le brin de conduite, et à part ça, allez vous faire voir." Je me retournai et montai chez moi.

La serrure était toujours branlante, mais cette fois-ci personne ne m'attendait. Ils avaient embarqué Waxnose depuis longtemps. Je laissai la porte ouverte, ouvris grand les fenêtres, et je reniflais encore l'odeur de mégot de cigare de flic quand le téléphone sonna. C'était sa voix, froide, un peu dure, pas un brin émue, presque amusée. Ma foi, elle en avait sans doute assez vu pour prendre les choses ainsi.

"Salut, zyeux bruns. Bien rentré à la maison ?"

"Votre pote Marty m'a reconduit. Il m'a dit de vous laisser tomber. Merci de tout cœur, si j'en ai un, mais ne m'appelez plus."

"Un peu effrayé, monsieur Dalmas ?"

"Non. Attendez que moi je vous appelle", dis-je. "Bonne nuit, mon ange."

"Bonne nuit, zyeux-bruns."

Le téléphone fit un bruit sec. Je l'écartai, fermai la porte et rabattis le lit. Je me déshabillai et restai un moment allongé dessus dans l'air frais.

Puis je me levai, bus un verre, pris une douche et allai dormir.

---

4. **to have been through (it)** : *en avoir vu de dures* ; ❒ **I have been through this book,** *j'ai fini ce livre* ; **to read a book through,** *lire un livre jusqu'au bout* ; **to be through with sth,** *en avoir fini avec qqch.*
5. **to make it** :1. (ici) m. à m. *atteindre, arriver,* cf. p. 64. 2. (fam.) *réussir.*
6. **pal** : cf. p. 68.
7. **to lay off** : cf. p. 25.
8. **to pull down** : 1. (ici) *baisser, rabattre.* 2. *démolir, abattre, renverser* (gouvernement).

They broke George at last, but not enough. He said there had been a fight over the girl and young Jeeter had grabbed[1] the gun off the mantel and George had fought with him and it had gone[2] off. All of which, of course, looked possible - in the papers. They never pinned[3] the Arbogast killing on him or on anybody. They never found the gun that did it, but it was not Waxnose's gun. Waxnose disappeared - I never heard where. They didn't touch old man Jeeter, because he never came out of his stroke, except to lie on his back and have nurses[4] and tell people how he hadn't lost a nickel in the depression[5].

Marty Estel called me up four times to tell me to lay off Harriet Huntress. I felt kind of sorry for the poor guy. He had it bad. I went out with her twice and sat with her twice more at home, drinking her Scotch. It was nice, but I didn't have the money, the clothes, the time, or the manners[6]. Then she stopped being at the El Milano and I heard she had gone to New York.

I was glad when she left - even though she didn't bother to tell me good-bye[7].

THE END

---

1. **to grab** : (sl.) *saisir* ; *empoigner*.
2. **to go off** : 1. (ici) *partir* (coup). 2. *s'en aller*. 3. *s'évanouir*. 4. *mourir*, *passer*. 5. *se détériorer* (vin). 6. *dérailler*. 7. *s'écarter*.
3. **to pin on** : cf. p. 38.
4. **nurse** : 1. (ici) *garde*, *infirmière*. 2. *nourrice* ; **to nurse** 1. *soigner* (malade). 2. *nourrir*, *allaiter*. 3. *bercer* (bébé)

Ils finirent par faire parler Georges, mais pas suffisamment. Il déclara qu'il y avait eu une bagarre à cause de la fille et que le jeune Jeeter s'était emparé du pistolet sur le dessus de la cheminée et que le coup était parti alors que Georges se battait avec lui. Tout ça, bien sûr, paraissait plausible - dans les journaux. Ils ne l'épinglèrent jamais avec le meurtre d'Arbogast, pas plus que quiconque d'autre. Ils ne trouvèrent jamais l'arme qui l'avait tué, mais ce n'était pas celle de Waxnose. Ils ne touchèrent pas au vieux Jeeter, parce qu'il ne se remit jamais de son attaque, si ce n'est pour raconter aux gens, allongé sur le dos et entouré d'infirmières, comment il n'avait pas perdu un rond pendant la dépression.

Marty Estel m'appela quatre fois pour me dire de laisser tomber Harriet Huntress. Dans une certaine mesure, il me faisait un peu de peine. Il prenait ça mal. Je sortis avec elle deux fois et allai m'asseoir chez elle deux autres fois boire son scotch. C'était bien, mais je n'avais ni les moyens, ni les vêtements, ni le temps, ni les manières. Puis elle cessa d'habiter à l'El Milano et j'appris qu'elle était partie pour New York.

Je fus soulagé de ce départ - même si elle ne se soucia pas de me dire au revoir.

FIN

---

5. **depression** : 1. (ici) *crise, dépression économique* (allusion à la crise économique de 1929). 2. *abaissement* .3. *dénivellement, affaissement* .4. *découragement, marasme.*
6. **manners** : 1. (ici) *bonnes manières, savoir-vivre*. 2. *façon, sorte*. 3. *mœurs, usage*. 4. *maintien, tenue.*
7. **good-bye** : *au revoir, adieu* (contraction de **God be with you !** *Que Dieu soit avec vous !*

Révisions

1. C'est comme qui dirait une sale besogne
2. Je me rappelais que les affaires étaient mauvaises depuis un mois.
3. Bien sûr, tu pourrais t'attirer des ennuis.
4. Il se trouve que mon temps est précieux.
5. On essaie d'économiser une partie de votre argent.
6. Je vous fais mes excuses, je ne voulais pas être impoli.
7. Cette dette n'est pas exigible, c'est une dette de jeu.
8. Il tient une boîte sélect.
9. Le Procureur est un de mes amis personnels.
10. Je suis sur une affaire pour laquelle vous avez effectué une expertise.
11. Pour autant que je le sache, personne ne m'avait vu sortir.
12. J'aimerais avoir le numéro de son appartement et le moyen d'y monter sans passer par le hall d'accueil.
13. Qu'est-ce que vous comptez devenir quand vous serez grand ?
14. Qui dois-je annoncer ?
15. Il y a des fois où j'ai envie d'y aller doucement.
16. Vous êtes presque à court de cigares.
17. Ça, c'est mignon.
18. Je prend le risque.
19. C'est quoi votre arnaque ?
20. Le vieux est un peu coriace.
21. Les types comme vous s'attirent des tas d'ennuis.
22. Signez trois exemplaires.
23. Tu peux te barrer maintenant.
24. Vous en faites trop.
25. Saviez-vous qu'un homme peut, de son propre fait, devenir un héritier naturel ?

1. It's kind of a mean job.
2. I remembered then that business had been bad for a month.
3.Of course, you might get into trouble.
4. My time happens to be valuable.
5. We're trying to save you some of your money.
6. I apologize, I had no desire to be rude.
7. The debt is uncollectible, it is a gambling debt.
8. He runs an exclusive place.
9. The district attorney is a personal friend of mine.
10. I am working on a case you did some experting on.
11. So far as I could tell nobody saw me go.
12. I'd like her apartment number and a way to get up there without going through the lobby.
13. What are you going to be when you grow up ?
14. Who shall I announce ?
15. Some days, I feel like playing it smooth.
16. You're almost out of cigars.
17. That's cute.
18. I'll take a chance.
19. What's the racket ?
20. The old man's a little tough.
21. Guys like you get in a lot of trouble.
22. Sign three copies.
23. You can beat it for now.
24. You overdo it.
25. Did you know that a man can by his own act become a natural heir ?

Révisions

1. Vous devriez savoir qu'il n'aimerait pas que je me mêle de ses affaires.
2. Je devrais vous dire d'aller au diable.
3. Ça paraît drôle, hein ?
4. Il s'est fait descendre cet après-midi.
5. N'allez pas trop loin avec moi.
6. A propos, est-ce que je connais votre nom ?
7. Tire-toi pendant que tu peux encore marcher.
8. Elle avait quelques mauvaises fréquentations, mais qui n'en a pas ?
9. Je grillai cinq feux rouges sur le chemin du retour.
10. A la prochaine, mon pote.
11. Je vais vous envoyer ma voiture.
12. Vous pouvez avoir toute confiance en lui.
13. Tu l'auras voulu.
14. Il avait une sacrée gueule de bois.
15. Vous êtes futé. On pourra s'entendre tous les deux.
16. Quelque chose me tracassait.
17. Vous n'êtes pas si bon que ça.
18. Est-ce qu'on peut fouiller la baraque ?
19. Faites entrer le visiteur.
20. J'ai ma dose de gros durs pour la soirée.
21. Je pense que c'est une chouette idée.
22. Ça a marché, pas vrai ?
23. Il a dû suivre votre taxi.
24. Sortez, vous nous importunez.
25. Va appeller les autorités.

1. You ought to know he wouldn't like me to mix in his business.
2. I ought to tell you to go to hell.
3. Sounds funny, doesn't it ?
4. He got bumped off this afternoon ?
5. Don't go too far with me.
6. By the way, do I know your name ?
7. Beat it while you can still walk.
8. She knew a few wrong numbers, but who didn't ?
9. I crashed five red lights on my way back.
10. So long, pal.
11. I'll send my car for you.
12. You may rely upon him absolutely.
13. You asked for it.
14. He had a bad hangover.
15. You're smart. You and I can get along.
16. Something was bothering me.
17. You're not that good.
18. Can we search the joint ?
19. Show the company in.
20. I'm sick of hard guys for this evening.
21. I think it's a swell idea.
22. It worked, didn't it ?
23. He must have followed your taxi.
24. Go away, you're intruding.
25. Go call the law.

Bibliographie

❒ LIVRES

Durham, Philips • *Down These Mean Streets A Man Must Go* : *Raymond Chandler's Knight*. Chapel, N.C. University of North Carolina Press, 1963.
Une importante étude de base.

Gross, Miriam • *The World of Raymond Chandler*. London Weidenfeld & Nicolson, 1977.
Un ensemble d'essais critiques (J. Houseman, S. Spender, etc.).

Gruber, Frank • *The Pulp Jungle*. Los Angeles. Shelbourne Press, 1967.
Une intéressante peinture des auteurs de "pulps" (polars populaires) des années 20 et des années 30.

Henstell, Bruce • *Sunshine and Wealth* : *Los Angeles in the Twenties and Thirties*. San Francisco. Chronicle Books, 1984.
Album illustré évoquant la Prohibition.

Luhr, William • *Raymond Chandler and film*. Frederick Ungar Publishing co. New-York, 1982
Chandler et le cinéma.

Mac Shane, Frank • *The life of Raymond Chandler*. New York. Random House, 1976. Egalement Ed. Penguin, 1978 et trad. par Paul Couturiau et Yves Stavridès. *Le Gentleman de Californie*. Points Seuil, 1984.
La biographie de référence sur R. Chandler.

Newlin, Keith • *Harboiled Burlesque* : *Raymond Chandler's Comic Style*. Madison, Ind. Brownstone Books, 1984.
Une étude sur le style de Chandler.

Speir, Jerry • *Raymond Chandler*. New York Ungar, 1981.
Une bonne étude de l'oeuvre de Chandler.

Thorpe, Edward • *Chandlertown*. Trad. Claudine Stora. *Chandlertown* : *Sur les traces de Philippe Marlowe* - Mazarine, 1985.
Un livre illustré sur l'environnement urbain de Chandler.

❒ REVUES

Magazine littéraire - **Raymond Chandler** n° 211 - Oct. 1984.

Revue Europe - Numéro Spécial : **Le roman noir américain** - Août-Septembre 1984.
Article intéressant d'Alain Demouzon : *Sur un air de Paradoxe*.

❒ LETTRES

Lettres - **R. Chandler**. Trad. Michel Doury. Préface de Philippe Labro - Ed. Ch. Bourgois, 1970.

Lettres II - **R. Chandler**. Trad. Michel Doury - Présentation et choix Frank Mac Shane - Notes Francis Lacassin. Ed. Ch. Bourgois, 1984.

FILMOGRAPHIE

■ FILMS TIRES OU INSPIRES DES ROMANS (OU D'UN SCENARIO ORIGINAL) DE R. CHANDLER

1942 **The Falcon takes over** (63') : d'après*Farewell my lovely*
❒ Prod. : RKO ❒ Réal. : Irving Reis ❒ Acteurs : Georges Sanders, Lynn Bari.
Times to kill : d'après *The High Window*
❒ Prod. : 20 th Century Fox ❒ Réal. : Herbert I. Leeds
❒ Act. : Lloyd Nolan, H. Angel

1944 **Murder my sweet** (95') : d'après *Farewell my lovely*
❒ Prod. : RKO ❒ Réal. : Edward Dmytryk ❒ Act. : Dick Powell, Claire Trevor

1945 **The Big Sleep** (118') : d'après le roman du même nom
❒ Prod. : Warner Brothers ❒ Scénario : William Faulkner, Leigh Brackett, Jules Furthman❒ Réal. : Howard Hawks
❒ Act. : Humphrey Bogart, Lauren Bacall

1946 **The Blue Dalhia** (98') : d'après un scénario original de R. Chandler ❒ Prod. Paramount ❒ Réal. : George Marshall
❒ Act. : Alan Ladd, Veronica Lake

1947 **Lady in the Lake** (105') : d'après le roman du même nom
❒ Prod. : MGM ❒ Scénario : Steve Fisher, R. Chandler
❒ Réal. : Robert Montgomery ❒ Act. :Robert Montgomery, Audrey Totter
The Brasher Doubloon (72') : d'après *The High Window*
❒ Prod. : 20 th Fox ❒ Réal. : John Brahm ❒ Act. : George Montgomery, Nancy Guild

1969 **Marlowe** (95') : d'après *The Little Sister*
❒ Prod. MGM ❒ Réal. Paul Bogart ❒ Act. : James Garner, G. Hunnicut

1973 **The Long Goodbye** (112') :d'après le roman du même nom
❒ Prod. : United Artists ❒ Réal. : Robert Altman ❒ Act. : Eliott Gould, Nina Van Pallandt, Sterling Hayden

1975 **Farewell My Lovely** (97') : d'après le roman du même nom
❒ Prod. : Avco Embassy ❒ Réal. Dick Richards ❒ Act. : Robert Mitchum, Charlotte Rampling.

1978 **The Big Sleep** (100') : d'après le roman du même nom
❒ Prod. : United Artists ❒ Réal. : Michael Winner ❒ Act. : Robert Mitchum, Sarah Miles, James Stewart

■ SCENARIOS DE CHANDLER

1944 **Double Indemnity** (106') : d'après le roman du même nom de James M. Cain
❒ Prod. : Paramount ❒ Réal. : Billy Wilder ❒ Act. :Fred Mac Murray, Barbara Stanwyck, Edward G. Robinson
And now tomorrow : d'après le roman du même nom de Rachel Field
❒ Prod. : Paramount ❒ Réal. : Irving Pichel ❒ Act. :Alan Ladd, Loretta Young
The Unseen (81') : d'après *Her Heart in her throat* par Ethel Lina White
❒ Prod. : Paramount ❒ Réal. : Lewis Allen ❒ Act. :Joel Mc Crea, Gail Russel

1951 **Strangers on a train** (101') : d'après le roman du même nom de Patricia Highsmith
❒ Prod. : Warner Brothers ❒ Réal. Alfred Hitchcock❒ Scén.: R. Chandler et Czenzi Ormonde ❒ Act. : Farley Granger, Ruth Roman, Robert Walker

INDEX (les chiffres renvoient aux pages)

Achevé d'imprimer en août 1999
sur les presses de l'Imprimerie Bussière
à Saint-Amand (Cher)

POCKET - 12, avenue d'Italie - 75627 Paris Cedex 13
Tél. : 01-44-16-05-00

— N° d'imp. 1600. —
Dépôt légal : mai 1998.

Imprimé en France